DEC 1999

EL HUERTO
ECOLÓGICO

© 1998, Editorial ÁGATA

C/ San Rafael, 4

28108 Alcobendas (Madrid)

Tel.: (34) 91 657 25 80

Fax: (34) 91 657 25 83

e-mail: libsa @ libsa. redestb.es

ISBN: 84-8238-284-5

Dep. Legal: M-10.626-1998

Coordinación de obra y fotografía: Producción Gráfica, Grupo 7 Editorial S.L.

Autor: Francisco Javier Alonso de la Paz

Diseño: Carlos González-Amezúa

Dibujos: Javier Sánchez

Nuestro más sincero agradecimiento a Ana Andrés, Angel Guerrero, Olga Padierna y Rufino Villa por
brindarnos toda clase de facilidades para realizar fotografías de sus huertas en Alcocer, Guadalajara, así
como a otros tantos huertanos de las provincias de Avila, Madrid y Valladolid.
Agradecemos de igual modo a Francisco Alonso, Fernando Alfonso y Angel García, por facilitarnos
información logística y ofrecernos lo mejor de sus huertas de la Sierra Madrileña, en Becerril de la Sierra.
Deseamos dar las gracias encarecidamente a los propietarios de la Finca Montellano de Alcocer,
Guadalajara, por su valiosa colaboración en la obtención de fotografías.
Nuestro agradecimiento para Lidia Fernández, Bióloga, por cedernos gentilmente la foto inferior
publicada en la página 53.
Agradecemos, en fin, a la empresa Asgrow Vegetable Seeds la desinteresada cesión de la fotografía que
ilustra la página 77 superior.
Gracias a todos los que han hecho posible este libro.
Madrid, marzo de 1998

Indice

Planificar
EL HUERTO

Introducción

A CUALQUIER PERSONA LE GUSTARÍA PODER DISFRUTAR DE LA SENSACIÓN DE VER CRECER LOS PRODUCTOS QUE POSTERIORMENTE LE servirán de alimento, y tener la certeza de que el sabor y la calidad que poseen nada tiene que ver con aquellos otros que pueda encontrar en el mercado.

Por este motivo surge la idea del huerto ecológico, que posibilita disfrutar de unos productos inmejorables siguiendo los pasos marcados por este tipo de agricultura.

Pero, ¿qué significa y qué es la agricultura ecológica? La respuesta a tales preguntas es tan variada como personas la ponen en práctica. Existen distintas tendencias, más o menos definidas, cuyo objetivo principal es la obtención de productos naturales. El modo de alcanzar tal propósito tiene varios caminos. Los principales son conocidos con el nombre de agricultura orgánica, autosuficiente, biodinámica, natural, permanente, etc. Cada una de ellas atiende a sus propias teorías y métodos, pero en definitiva se trata de dar una solución práctica y ecológica para conseguir unos buenos resultados, evitando en todo lo posible variar las condiciones del medio ambiente.

Por un lado, se han reunido todas aquellas técnicas de cultivo convencional y tradicional que reducen el esfuerzo del horticultor y contribuyen a mantener con el mínimo de variación posible las características del suelo, de vital importancia para cualquier tipo de planta. Por otro, se han considerado todos los elementos del entorno que permiten ser reciclados y utilizados para mejorar el desarrollo de las hortalizas, evitando siempre recurrir al uso de sustancias que puedan proporcionar mejores cosechas, pero que al mismo tiempo sean nocivas para la salud. En consecuencia, conviene tener especial precaución con la aplicación de abonos, fertilizantes, y cualquier tipo de sustancias que prevengan y actúen en contra de las enfermedades producidas por hongos y bacterias.

Conocimientos previos al inicio del cultivo

El suelo

La formación del suelo y sus componentes

A partir de la roca madre y a través de su progresiva descomposición en pequeñas y diminutas partículas, comienza a desarrollarse el suelo. El efecto del hielo, la lluvia y el viento provoca la división y esparcimiento de sus componentes. Cuando existe el suficiente volumen de "suelo", las raíces de las plantas tienen la posibilidad de desarrollarse y vivir sobre él. A partir de este momento, comienza el aporte de materia orgánica a través de las hojas y frutos que caen. En el proceso también intervienen los productos de desecho de los animales que, paulatinamente, son depositados en la capa más superficial. Con el paso del tiempo y tras un largo proceso de descomposición, la materia orgánica se convierte en humus.

De este modo, se crea un vínculo de unión entre la materia inorgánica mineral, procedente de las rocas, y la orgánica producida por los seres vivos, cerrándose un ciclo en el que intervienen gran cantidad de elementos, todos ellos indispensables. La atmósfera, las bacterias, los hongos, el agua y el sol son algunos de los más representativos, apareciendo un equilibrio que se mantendrá a lo largo del tiempo, siempre y cuando no sea quebrantado artificialmente.

Los principales componentes inertes son la arena, la arcilla y la materia orgánica que, podría decirse, representan el soporte esencial para el resto de elementos. A éstos, es preciso añadir el agua y el aire, que en la mayoría de los casos no son tenidos en cuenta, aunque realmente resultan de enorme importancia ya que el agua, el oxígeno y el nitrógeno suponen la base de cualquier forma de vida.

En cuanto a los componentes vivos del suelo, es preciso citar el importante papel

A fin de que las hortalizas se desarrollen con total normalidad, es indispensable disponer de un suelo adecuado.

La arena, además de poseer gran cantidad de elementos minerales, permite ser empleada para facilitar el drenaje.

La materia orgánica procedente de las plantas, tras su descomposición, da lugar al humus.

que tienen los hongos y las bacterias, capaces de degradar totalmente la materia orgánica para su asimilación por parte de las raíces de las plantas. Sin ellos no sería posible que el ciclo de regeneración del suelo pudiera cerrarse.

TIPOS DE SUSTRATO

A la hora de iniciar el cultivo, debe tomar en consideración todos los datos a los que anteriormente se ha hecho referencia, ya que en función de la composición y tipo de suelo que tenga su huerto, será posible cultivar unas hortalizas u otras o, en último término, rectificar los defectos o excesos que posea, añadiendo proporcionalmente los componentes que requiera para su mejora.

A fin de determinar a simple vista el tipo de suelo de nuestro huerto, es preciso poseer ciertos conocimientos que sólo la experiencia proporciona, aunque si dispone de las características concretas que lo definen, como puede ser las rocas predominantes de la zona o las plantas silvestres típicas de cada tipo de suelo y, además, lo complementa con un aparato de medición de pH, que le proporcione la información de su grado de alcalinidad o acidez, el problema está resuelto.

Aparte de la composición química del sustrato, es fundamental tener referencias del tipo de textura y grado de compactación del mismo. En este caso la fórmula es sencilla, porque mediante el empleo de un azadón podrá comprobarlo al instante. Encontrará texturas finas, como la de los suelos limosos o, por el contrario, más o menos gruesas, según el tamaño del grano de la arena o la presencia de grava y grandes piedras. Cuanto mayor sea el tamaño de las piedras, tanto menor será la calidad del suelo para su plantación.

También es factible determinar el grado de compactación diferenciando los terrenos duros y apelmazados, que impiden el normal desarrollo de las raíces, de los esponjosos y mullidos, que dan lugar a superficies aireadas, muy aptas para el cultivo.

El reconocimiento del suelo pasa, en primer lugar, por saber diferenciar qué tipo de rocas caracterizan a la región. Si en el paisaje predomina el granito, la pizarra o la roca volcánica, el grado de acidez será más alto. En el supuesto de que las rocas

Los componentes y sus aportes al suelo

La arena	Formada por materia inorgánica mineral, de textura más o menos gruesa, dota al suelo de la porosidad precisa para que no se acumule agua en exceso sobre la superficie. También aporta aireación a la materia orgánica, y disgregación a la arcilla.
La arcilla	Materia inorgánica mineral con alto contenido en sales minerales libres, forma una mezcla compacta y homogénea que retiene el agua y da consistencia al suelo. Ofrece firmeza a la materia orgánica y compactación a la arena.
La materia orgánica	Producto de la descomposición y acumulación de partes muertas o desechadas por los seres vivos, sirve de cobijo a microorganismos y demás seres vivos que habitan el suelo. Retiene gran cantidad de agua y actúa como aislante térmico. Facilita consistencia a la arena y esponjosidad a la arcilla.

Un suelo bien tratado favorece la proliferación de hortalizas sanas.

Clasificación de los principales tipos de suelo

Suelos arcillosos	Poseen más del 25% de arcilla. Resultan muy difíciles de trabajar. Si están mojados se convierten en pegajosos, y si no lo están, tras ser arados pueden formar terrones muy compactos. Se agrietan con facilidad al secarse y son impermeables.
Suelos arenosos	Contienen menos de un 10% de arcilla y más de un 70% de arena. No ofrecen una buena superficie para el cultivo, ya que están muy disgregados y retienen poco el agua.
Suelos francos	Constan de entre el 10% y el 25% de arcilla, aproximadamente, un 60% de arena y sobre el 5 y 10% de caliza y humus. Son los mejores terrenos para el cultivo, fáciles de trabajar, fértiles y equilibrados.
Suelos limosos y turbosos	Tienen partículas muy finas y compactadas. Presentan un grave problema de oxigenación. Son muy fértiles pero necesitan una buena proporción de arena o arcilla para poder ser aprovechados.
Suelos pedregosos	Poseen gran cantidad de piedras y grava. Sobre ellos no es posible cultivar hortalizas de raíz, ya que crecerían con malformaciones. La práctica del arado es difícil de realizar.

Antes de limpiar el terreno de hierbas e iniciar el arado, es posible reconocer a través de las mismas el tipo de suelo.

Los suelos arcillosos están caracterizados por un alto grado de compactación y un singular color rojizo.

Plantas silvestres características de cada tipo de suelo

Plantas de suelos ácidos
Calluna vulgaris (Brecina)
Cystus ladanifer (Jara pringosa)
Digitalis purpurea (Dedalera)
Ilex aquifolium (Acebo)

Plantas de suelos alcalinos
Ligeum spartum (Esparto)
Rosmarinus officinalis (Romero)

Plantas de suelos que retienen el agua
Equisetum sp. (Helecho cola de caballo)
Mentha arvensis (Menta silvestre)
Tussilago farfara (Uña de caballo)

Plantas de suelos de mala estructura
Equisetum arvense (Helecho cola de caballo)
Juncus sp. (Junco)
Matricaria chamomilla (Manzanilla)
Raphanus raphanistrum (Rábano silvestre)

Plantas de suelos de estructura regular
Anthemis arvensis (Margarita bastarda)
Avena fatua (Avena loca)
Chenopodium album (Cenizo)

Plantas de suelos con buena estructura
Euphorbia sp. (Lechetrezna)
Mercurialis annua (Mercurial)
Urtica urens (Ortiga menor)

Plantas de suelos ricos en nitrógeno
Chenopodium album (Cenizo)
Galium aparine (Amor de hortelano)
Urtica dioica (Ortiga)

Plantas de suelos ricos en potasio
Althaea officinalis (Malvavisco)
Centaurea sp. (Cardo estrellado)
Papaver somniferum (Dormidera)

La Jara pringosa es una planta silvestre que sólo crece en terrenos ácidos.

sean calizas o yesos, encontramos el caso opuesto de pH básico, ya que contribuyen notablemente a aumentar la alcalinidad del sustrato. Si estas breves indicaciones no resultan suficientes para determinar el tipo de suelo, puede apoyarse en la vegetación silvestre predominante, ya que existen plantas propias de cada tipo de suelo. Por ejemplo, Cystus ladanifer (Jara pringosa) o Digitalis purpurea (Dedalera) están asociadas a suelos ácidos, mientras que Ligeum spartum (Esparto) y Rosmarinus officinalis (Romero), son típicas de sustratos básicos o alcalinos.

EL PH DEL SUELO

El pH es un indicador del grado de acidez o alcalinidad de una sustancia y en la huerta, en términos generales, suele emplearse para medir el del agua o del sustrato. Viene indicado por un número que varía desde el valor 0, que es el mínimo y representa el grado más alto de acidez, y el valor 14, el máximo, correspondiente al nivel más elevado de alcalinidad. Se toma como pH 7 el que corresponde al neutro. Es preciso añadir que en horticultura no se manejan los valores extremos, ya que las plantas no crecen por debajo de pH 3,5 ni por encima de pH 8,5. Se estima que un campo de cultivo de buenas características es aquel que ronda un pH de 6,5.

Para determinar el grado de acidez o alcalinidad del sustrato y conocer su pH, tiene la opción de utilizar un analizador. En cualquier tienda especializada es posible adquirirlo, y su empleo es tan sencillo como rápido. Si quiere obtener un resultado

Los suelos calizos normalmente tienen un tono pálido y blanquecino, no siendo difícil encontrar gran cantidad de piedras.

En el medio natural, el Romero es indicativo de suelos básicos, ya que es donde mejor se propaga.

exacto tiene que tomar una muestra del suelo y diluirla en un vaso con agua destilada, dejando que repose un par de minutos hasta que los sedimentos queden depositados en el fondo. A continuación, vierta el contenido en la cubeta de muestreo, hasta alcanzar la medida indicada. Por último, añada los reactivos y agite ligeramente, esperando a que cambie la tonalidad de la mezcla. Sólo tiene que comprobar el color resultante con la tabla de pH para conocer el grado acidez o basicidad del suelo del huerto.

Hortalizas adecuadas a cada tipo de suelo

Hortalizas que soportan pH básico
Col China, Coles de Bruselas, Colinabo, Col Repollo, Lombarda.

Hortalizas que soportan pH ácido
Berenjena, Cebolla, Patata.

Hortalizas para pH intermedio
Acelga, Alcachofa, Apio, Bróculi, Calabacín, Coles de Bruselas, Coliflor, Escarola, Espárrago, Espinaca, Guisante, Haba, Hinojo, Judías verdes, Lechuga, Maíz dulce, Melón, Nabo, Pepino, Perejil, Puerro, Remolacha, Tomate, Zanahoria.

A continuación, se añaden los reactivos, esperando un cierto tiempo hasta que la mezcla cambie de color.

La muestra de sustrato debe diluirse en agua. Una vez depositados los sedimentos, se toma una pequeña parte para analizarla.

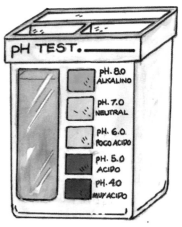

Para conocer el pH de su suelo, debe comparar la muestra con la tabla de colores.

Conocimientos previos al inicio del cultivo

El clima

La influencia de la climatología en los cultivos

En la región donde está situado su huerto, existen una serie de características definitorias de un tipo de climatología determinada, ya sea húmeda, calurosa o fría que, sin lugar a dudas, influyen en el crecimiento y desarrollo de las hortalizas que vayan a ser cultivadas.

La variación de la temperatura, al igual que el grado de humedad y luminosidad, resultan de enorme importancia en el ciclo de vida de cada especie vegetal y, como es lógico, están directamente relacionados con el clima.

En consecuencia, es básico tener presentes los parámetros y cambios que sufren a lo largo del año para, de este modo, poder ajustar las etapas de desarrollo de las hortalizas cultivadas a las características propias de la zona. En definitiva, la siembra, el riego, la recolección y cualquier tipo de labor que realice en el huerto, están limitados por la duración de las estaciones y sus peculiaridades inherentes, siendo preciso acomodarse a ellas, contando con la abundancia de precipitaciones, las oscilaciones térmicas y la cantidad de luz que el sol pueda proporcionar.

Por último no conviene olvidar que, en ciertas ocasiones y sin posibilidad de prevenirlo, pueden darse una serie de condiciones climáticas adversas que provocan situaciones perjudiciales en el desarrollo de las plantas, como es el caso del viento, la nieve o el granizo.

TEMPERATURA

Es uno de los factores que, indiscutiblemente, más influye sobre los vegetales, ya que determina, en la mayoría de los casos, la germinación de las semillas y el período favorable de crecimiento de los ejemplares.

Como es lógico, las temperaturas extremas son las causantes de los daños que sufre la cosecha, especialmente el

Las zonas de montaña, donde las temperaturas suelen ser más bajas de lo normal, obligan a dar protección a las hortalizas durante el invierno

La Sandía, al igual que su pariente el Melón, necesita climas cálidos para ofrecer productos de buena calidad

Durante el verano los riegos han de ser cada vez más frecuentes, especialmente en ambientes secos.

Las hortalizas de fruto necesitan humedad y sol para alcanzar un buen tamaño y madurar correctamente.

la acción del granizo o la nieve, resultando indispensable que exista un techado, o al menos una estructura que cubra las plantas. A pesar de ello, algunas hortalizas necesitan el frío para dar unos productos adecuados, como es el caso de las coles de Bruselas, el bróculi o los puerros.

En el otro extremo se encuentran las altas temperaturas extenuantes del verano, que perjudican a ciertas hortalizas delicadas. Estas deben ser cultivadas en los lugares más frescos del huerto, incluso bajo la sombra de un árbol u otra hortaliza de mayor tamaño. Los problemas surgen porque la planta no es capaz de soportar la deshidratación y, en determinados casos, la subida prematura de la flor es la consecuencia derivada, muy común entre las hortalizas de hoja.

HUMEDAD

Los ambientes húmedos son muy favorables y beneficiosos para el desarrollo de las hortalizas, puesto que disminuyen la evaporación y contribuyen a que las hojas y tallos se mantengan lustrosos y puedan realizar el intercambio gaseoso sin miedo a perder agua a través de sus estomas (pequeños poros que recubren las capas más superficiales de las hojas). En las regiones húmedas, la lluvia ofrece una ayuda inestimable al horticultor, evitando en muchos casos la práctica continua del riego.

Los beneficios que reporta el agua son considerables, haciéndose más patentes cuando, por su escasez, las plantas sufren irreversibles deterioros. Los climas secos representan un grave problema para la horticultura y, ante tal situación, es preciso adoptar medidas que rentabilicen al máximo el agua disponible. En estos casos, debe elegir la zona de la parcela más protegida contra el sol intenso del mediodía y que no sufra directamente la acción del viento, que seca la capa superficial del suelo. Del mismo modo, tendrá que realizar el riego en los momentos en que el sol no esté presente, principalmente de noche.

LUMINOSIDAD

La intensidad de los rayos solares y la duración de los días, son factores que

frío que resulta el más perjudicial. El frío supone el principal inhibidor en el desarrollo de las hortalizas, debido a que por debajo de los 0°C el agua se congela y las plantas que no disponen de un tallo leñoso mueren. Por este motivo, las heladas son tan temidas por los horticultores, ya que son capaces de acabar con toda una plantación en un sólo día.

Los períodos de máximo riesgo se sitúan al final del otoño, durante el invierno y al principio de la primavera. Las regiones que mayor número de días están afectadas por las heladas, son aquellas que se encuentran más cerca de los polos o poseen clima continental. La protección contra las bajas temperaturas no difiere, a grandes rasgos, de la utilizada contra

Las Coles repollo son plantas que se desarrollan en mejores condiciones con humedad y no excesivo sol.

La Remolacha de mesa precisa suelos bien drenados pero húmedos, tolerando la sombra en su ubicación.

cultivar hortalizas, oriente los surcos hacia el sur, zona en la que el sol está presente mayor número de horas. Los frutales deben estar situados en los límites del huerto, nunca interpuestos entre las hortalizas y el sol.

Todo este planteamiento depende, al mismo tiempo, del clima de la zona, ya que la radiación del sol influye de forma directa en el aumento de las temperaturas y la evaporación del agua. En el caso concreto de un lugar excesivamente caluroso, donde las temperaturas se elevan demasiado, puede ser necesaria la sombra, al menos durante las horas del mediodía. A tal efecto, es conveniente que instale una especie de cubierta ligera que pueda recogerse fácilmente y permita el paso del aire.

PROTECCIÓN CONTRA LAS INCLEMENCIAS DEL TIEMPO

En ciertas ocasiones, el clima puede provocar acontecimientos que no favorecen en nada a las hortalizas. Los más dañinos vienen producidos por el viento, capaz de tronchar los tallos y en algunos casos, si es demasiado frío, quemar las hojas y los nuevos brotes, la nieve, propia de la estación invernal, que impide el desarrollo de vida vegetal al cubrir el suelo, y el granizo, causante de grandes destrozos tanto a frutos como a plantas.

A fin de prevenir los daños causados por la acción de estos elementos climáticos, es conveniente disponer de un espacio que al menos proteja a semillas y plantones, ya que son los estados más delicados por los que pasa la planta. Lo ideal sería que contase con un invernadero donde instalar los semilleros, aunque de no ser así, necesitará preparar una zona en el huerto que lo sustituya eficazmente. Aproveche unos ventanales en desuso que creen un espacio cerrado o utilice un armazón cubierto por plásticos de invernadero, no dudando en emplear la pared del cercado o del cobertizo como soporte de todo el conjunto.

Una vez que los bancales han sido plantados, dispone de varias opciones para proteger las plántulas y hortalizas de pequeño tamaño. La más eficaz, es cubrir cada surco con estructuras metálicas en forma de arco y separadas entre sí unos

influyen decisivamente en el desarrollo de la planta, ya sea en el crecimiento de tallos y hojas o en la maduración de los frutos, así como en el inicio de la floración.

Las plantas extraen la energía necesaria de la luz para llevar a cabo sus procesos vitales, y es tan importante que sin

ella son incapaces de desarrollarse. En términos generales, es necesario considerar que cualquier elemento que produzca sombra en el huerto es contraproducente para la obtención de una buena cosecha. Los árboles de sombra, por descontado, han de ser evitados. Si no dispone de suficiente espacio y quiere

Para ofrecer protección a plantas de gran tamaño, necesitará estructuras resistentes, fabricadas con hierro y alambre.

Plantas que toleran las heladas

Apio, Bróculi, Coles de Bruselas, Espárrago, Haba, Lombarda, Nabo, Puerro, Rutabaga.

Requieren suelo húmedo

Apio, Bróculi, Calabacín, Coles de Bruselas, Colinabo, Col repollo, Escarola, Espárrago, Espinaca, Guisante, Judías verdes, Lechuga, Nabo, Perejil, Pimiento, Rábano, Remolacha de mesa, Tomate, Zanahoria.

Requieren suelo drenado

Acelga, Ajo, Coles de Bruselas, Coliflor, Escarola, Guisante, Hinojo, Lechuga, Maíz dulce, Melón, Patata, Pepino, Remolacha de mesa, Zanahoria.

Plantas que toleran pleno sol

Ajo, Alcachofa, Calabacín, Cebolla, Espárrago, Guindilla, Hinojo, Judías verdes, Maíz dulce, Melón, Pepino, Tomate, Zanahoria.

Plantas que toleran la sombra

Acelga, Apio, Bróculi, Col China, Coles de Bruselas, Coliflor, Colinabo, Col repollo, Escarola, Espinaca, Guisante, Lechuga, Nabo, Puerro, Rábano, Remolacha de mesa, Ruibarbo.

El plástico transparente es uno de los métodos más prácticos para resguardar a las hortalizas del granizo y del viento.

50 cm, que dejen un espacio libre de, al menos, 40 cm. Ha de taparlas con plástico transparente, sujeto al suelo mediante unas grapas de alambre.

Esta medida puede llevarla a cabo en los meses de máximo riesgo, como son el final del invierno y principio de la primavera. Otro sistema consiste en colocar una teja a pie de mata, manteniendo una ligera inclinación sobre la superficie y apoyando el extremo superior sobre un palo clavado en el suelo, introduciendo el otro extremo unos centímetros en el propio surco. Ha de quedar orientada en la dirección en que existe riesgo de daño.

En regiones donde las inclemencias hacen peligrar la viabilidad de las hortalizas, como por ejemplo en aquellas que sopla continuamente el viento o el frío supone un factor común, es posible ubicarlas en depresiones del terreno, alineadas perpendicularmente a la acción de estos elementos. A fin de completar la protección, hay que instalar cubiertas longitudinales e inclinadas sobre las plantas. Los apoyos tienen que ser lo suficientemente rígidos para que aguanten el empuje del viento.

Siempre que sea posible, no deben quedar interpuestas a los rayos solares; si no queda otro remedio, utilice materiales transparentes.

Plantas cultivadas y silvestres

Seguramente, se habrá preguntado alguna vez por qué las hortalizas tienen un aspecto tan diferente al de las plantas silvestres, o cómo no es posible encontrar frutos tan suculentos y llamativos en el campo. A pesar de que todas son especies vegetales, es mucha la diferencia que las separa.

La respuesta es sencilla. En primer lugar figuran las atenciones y cuidados que son dispensados a las hortalizas en el interior del huerto, donde el agua y los nutrientes no les faltan, en un ambiente protegido y soleado y donde, además, los organismos patógenos que podrían afectarlas están controlados.

Considerando tales condiciones de cultivo, ya tenemos parte de la respuesta, aunque todavía existe un peldaño más de separación puesto que, al final de cada temporada, al preparar la despensa con las semillas que serán plantadas el próximo año, se procede a un riguroso criterio de selección.

Las hortalizas que mejores características posean, serán las que queden y se aprovechen para extraer sus semillas, con lo cual, la calidad de los productos de la huerta evoluciona cada año.

En la elección de los ejemplares, intervienen tanto el aspecto externo y las cualidades internas de los productos finales, como la resistencia a cualquier tipo de desavenencia climática o biológica; por ejemplo, las hortalizas que soportan el frío invernal, las especies que aguantan el calor del verano sin subir la flor (con el inicio de la floración las hortalizas pierden la calidad), los ejemplares que no han sucumbido a la acción de una plaga, o

En ocasiones, por azar, los vegetales presentan variaciones de tamaño y formà, tal como ocurre con esta planta silvestre.

aquella variedad que, ante la presencia de un hongo o bacteria, ha sido capaz de reponerse, etc.

Imagine por un momento lo que ha supuesto este largo proceso de selección en el transcurso de la historia, interviniendo en la transformación de cada una de las especies, ya que todas las plantas cultivadas proceden de una variedad original que, en algún momento anterior al actual, fueron silvestres, pasando de la recolección en el medio ambiente a la llevada a cabo en zonas dedicadas exclusivamente al cultivo.

Cuando en el huerto se necesitan semillas, es preciso dejar varios ejemplares que produzcan flores, como en el caso de estos Puerros.

Plantas acompañantes

La finalidad que busca el horticultor al combinar ejemplares de diferente especie, es la de aprovechar al máximo el espacio, sin caer en la explotación y agotamiento del suelo de cultivo. Es preciso intercalar plantas cuyos requerimientos sean muy semejantes, pero entre las cuales existe distinta velocidad de crecimiento; de este modo, es posible el cultivo simultáneo de dos o más especies, puesto que la recolección de unas coincidirá con el desarrollo de otras. Por ejemplo, el rábano que tarda sólo unas tres o cuatro semanas en crecer, si se cultiva a la vez que las lechugas o las escarolas, que precisan entre tres y cuatro meses hasta alcanzar el tamaño final, posibilita introducirlos dentro del mismo surco, debido a que los tres necesitan ambiente fresco y húmedo para desarrollarse adecuadamente. Otro ejemplo significativo lo representan los largos tallos del maíz dulce, que sirven de tutor a los tallos trepadores de las judías verdes, aunque es imprescindible que exista un desfase en el crecimiento, ya que si el maíz dulce no está desarrollado, podría verse perjudicado por las hojas de las judías verdes.

Cualquier especie del grupo de las leguminosas es apta para emparejar con las coles o plantas de raíz, como las zanahorias y los nabos. Las coles de verano no entorpecen el desarrollo de las plantas de judías verdes, y cuando éstas últimas alcanzan un crecimiento considerable, es el momento de recolectar las pellas. Los nabos y rutabagas pueden ser intercalados en surcos con plantas de guisante, porque sus tallos y hojas protegen durante el verano a las plantas de raíz de los intensos rayos de sol, que endurecen y empeoran la cosecha. Las espinacas y los apios también potencian su calidad si se cultivan de forma conjunta en surcos y caballones. Las primeras comienzan rápido a producir hojas comestibles, mientras que los últimos permanecen un período de tiempo más amplio en el huerto; así, el volumen de las hojas y tallos no impide el desarrollo de ninguna de ellas, porque cuando las espinacas terminan su producción, la tierra donde han sido cultivadas sirve para aporcar las pencas de los apios. Para la obtención de cosechas de mejor calidad, no sólo es determinante el conocimiento de las combinaciones favorables entre hortalizas, sino que es necesario saber qué hortalizas no deben ser cultivadas conjuntamente, ya que de este modo también se mejora la cosecha. Por ejemplo, los ajos y las cebollas no se sienten cómodos ante la presencia de leguminosas, las patatas y el grupo de los calabacines, pepinos y calabazas, pierden calidad si permanecen juntos.

Como regla general, nunca deben ser introducidas dentro de un bancal hortalizas pertenecientes a la misma familia, especialmente el grupo de la remolacha, acelga y espinaca, el de las umbelíferas como la zanahoria, el apio y el hinojo, o todo el conjunto de las crucíferas, es decir coles, nabos, coliflores, etc.

No hacer caso a esta norma, puede conducir a una situación desfavorable en el huerto, ya que existen organismos patógenos específicos de una familia que, si no se controlan a tiempo y las especies están muy cerca unas de otras, pueden acabar con toda una producción.

Con la intención de aprovechar mejor el espacio y el tiempo, es aconsejable intercalar distintos tipos de hortalizas en los bancales.

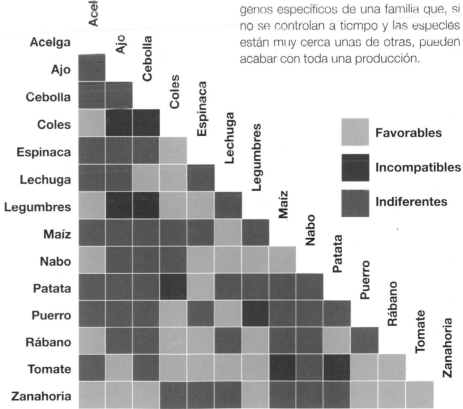

Favorables

Incompatibles

Indiferentes

Las herramientas y los utensilios

Las labores realizadas en el huerto, en la mayoría de los casos, pasan por el tratamiento de la tierra, que ha de ser arada, volteada, regada, etc. Todas estas actividades, no pueden ser llevadas a cabo si no es a través del empleo de una serie de herramientas, que reduzcan el esfuerzo del horticultor y den como resultado un mejor producto final.

HERRAMIENTAS Y UTENSILIOS

Azadón. Su ancha superficie permite trabajar la tierra con relativa rapidez. Resulta indispensable en tareas de roturación del terreno, preparación de surcos y caballones y muy útil para realizar la escarda y el aporcado, así como en la plantación y recolección de tubérculos y raíces. Debe asegurarse de que el mango esté correctamente encajado a la hoja, con el fin de evitar que salga despedida.

Carretilla. Si el huerto no es demasiado grande, no es imprescindible su presencia, pero si por el contrario la superficie del terreno es amplia y la producción se recolecta por kilos, comprobará como es capaz de reducir el trabajo y esfuerzo que tendría que desempeñar de no contar con ella. Las hay fabricadas en madera o hierro, y aunque las primeras son menos pesadas, se deterioran con mayor rapidez.

Horca de doble mango. Es uno de los elementos más apreciados por el horticultor ecológico. Aunque su empleo en la labranza del suelo es lento y cansado, ofrece una recompensa enorme a quien lo pone en práctica, ya que las raíces crecen con mayor vigor, al igual que el resto de la planta. Los mejores resultados se obtienen con especies de tubérculo, bulbo o raíz, debido a que la tierra mullida favorece su crecimiento en grosor.

Horca y laya. Aún existiendo distintos tipos de horca, no es preciso disponer de todas ellas; escoja una cuyas púas sean resistentes, pudiendo ser empleada en las labores de transporte y mezcla de los montones de compost y materiales de acolchado. La laya ofrece una ayuda inestimable en el aireado del suelo, en la extracción de patatas y demás hortalizas de raíz.

Hoz. La hoja en forma de media luna ha de estar bien afilada y evitar su empleo sobre tallos leñosos, que podrían estropearla. Para conseguir dar un corte limpio en los tallos, es básico que el movimiento

El pulverizador es necesario para combatir las plagas y enfermedades presentes en el huerto.

El azadón o la azadilla son imprescindibles en las labores de escarda, bina y aporcado.

Para realizar el roturado del terreno, si no dispone de un motocultor, emplee una pala de hoja plana.

El contacto con la tierra y los productos de la huerta requiere,

en muchos casos, el uso de un par de guantes.

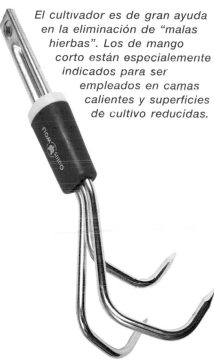

El cultivador es de gran ayuda en la eliminación de "malas hierbas". Los de mango corto están especialmente indicados para ser empleados en camas calientes y superficies de cultivo reducidas.

sea preciso y rápido. Con ella tendrá la posibilidad de cosechar el abono verde y eliminar las hierbas adventicias que crecen alrededor de los bancales. Del mismo modo, podrá utilizarla en la cosecha de maíz dulce, girasoles o coles repollo y para reducir los zarzales o cualquier otro tipo de arbusto no deseado en los límites de la huerta.

Motocultor. Es uno de los elementos más útiles en horticultura. No resulta difícil de manejar, ni demasiado grande para guardar en el cobertizo, aunque requiere un mantenimiento imprescindible para su

buen funcionamiento, tal como engrase, revisiones de motor, etc. Su inestimable ayuda puede resumirse en un arado cómodo y rápido, la eliminación de las hierbas que crecieron durante la época de reposo, y la incorporación inmediata del abono al interior del suelo. A todo esto, es preciso añadir que no voltea las capas profundas del suelo, manteniendo sus condiciones originales.

Palas. Son herramientas de gran importancia, empleadas en el transporte de abono y tierra y, sobre todo, en el laboreo del suelo, como excavación de bancales profundos o en la plantación de árboles frutales. Las de hoja plana resultan imprescindibles en la preparación de los bancales y la roturación del terreno; por contra, las de punta son idóneas para recoger tierra, estiércol o compost, y distribuirlo de forma homogénea sobre el terreno.

Rastrillo y cultivador. Intervienen principalmente en las tareas de limpieza del terreno, ya sean piedras o restos vegetales. Permiten ser utilizados para nivelar el bancal, recoger el abono verde o extender el estiércol y el compost sobre la superficie, siempre antes de iniciar el arado. El cultivador, además, facilita las labores de escarda y bina.

Semilleros. Pueden estar fabricados tanto en madera como en plástico. Los cajones de madera son muy prácticos para la siembra de gran número de ejemplares de la misma especie, mientras que los de plástico compartimentados facilitan la distribución de pocos ejemplares de distintas especies o de aquellos que alcanzan gran desarrollo en estado juvenil.

Tijeras de podar. Es preferible que sean de mango corto y hoja ancha, más manejables y útiles en horticultura. La hoja debe estar bien afilada para que la sección que produzcan sea limpia. Su función es la de poda de frutales, despunte de tallos en tomates y berenjenas, preparación de tutores y eliminación de ramas leñosas de los arbustos que puedan invadir el huerto desde el exterior.

Tutores, navaja, alambre y cuerda. Son elementos que, aún cuando no llegan a resultar imprescindibles, facilitan enormemente el trabajo del horticultor. El alambre y la cuerda ayudan a atar los tallos a los tutores para evitar que los fru-

Cualquier tipo de cuerda resulta de suma utilidad en un huerto. El alambre plastificado, además de ofrecer mayor resistencia, no daña las hortalizas.

tos entren en contacto con el suelo húmedo y puedan llegar a pudrirse. La navaja, entre otras muchas funciones, es útil en la recolección de las hortalizas que dan frutos, pues permite cortar los tallos sin dañar a las plantas con desgarros y roturas.

Zapapico, escardillos y azadillas. Especialmente indicados para realizar el binado del terreno y romper los terrones de tierra o costras que se forman con el frío y el agua. También resultan muy prácticos en labores de escarda y aporcado, sobre todo cuando el espacio entre surcos o plantas es demasiado pequeño. Así mismo, son empleados en el trasplante de los plantones a su lugar definitivo de cultivo.

La horca tiene gran importancia en el acarreo de material de acolchado, abono verde y distribución del estiércol y compost.

La planificación del huerto

Antes de iniciar el cultivo en un huerto, es imprescindible determinar las partes que lo componen y cómo deben ir distribuidas sobre el terreno. En orden de importancia, figuran en primer término los semilleros y bancales, que representan la base de la horticultura.

Ahora bien, existen otros elementos que, a pesar de no ser tan necesarios, ayudan a mejorar las condiciones del cultivo, favoreciendo las labores y aumentando el abanico de posibilidades que el horticultor tiene a su disposición.

La protección que ofrece el cobertizo o el invernadero, y la reserva de nutrientes almacenada en las cubetas de compost, suponen claros ejemplos.

Por otro lado, es conveniente contar con la posibilidad de ampliar el cultivo y no restringirlo a la plantación de hortalizas, incorporando frutales, plantas aromáticas y abono verde, en cuyo caso necesitará disponer de un espacio definido para que se desarrollen adecuadamente.

SEMILLEROS

Todo huerto debe tener un lugar dedicado a las semillas y plantones que darán lugar a las futuras hortalizas. Es conocida la vulnerabilidad y delicadeza de las plantas en los primeros estados de desarrollo y, por este motivo, debe escogerse un lugar idóneo para su ubicación. El espacio seleccionado ha de disfrutar de buen número de horas de exposición al sol y de la protección continua contra las tormentas, las bajas temperaturas de la noche e invernales, y las ráfagas de viento, que puedan asolar tallos y hojas.

Es lógico que la primera idea que venga a la cabeza sea la de un invernadero, ideal como elemento de protección, aunque en la mayoría de los casos existe el problema de la falta de espacio para su

Los semilleros deben estar ubicados en un lugar protegido. El empleo de pequeñas macetas contribuye a ampliar la superficie.

Las paredes y techo del invernadero deben estar construidos con materiales transparentes a fin de permitir el paso de los rayos solares.

Antes de iniciar la siembra y plantación, es preciso distribuir los bancales según la superficie disponible.

construcción, siendo entonces necesario recurrir a otras soluciones más prácticas, como el acondicionamiento de una zona para la instalación de un semillero.

Aproveche las características del terreno y los elementos situados en él. Por ejemplo, en cuanto a la orientación, siempre debe estar emplazado en una zona soleada pero, al mismo tiempo, resguardada de la acción del viento y el frío. En cada región, el aire frío suele proceder siempre del mismo lugar, por lo que es preciso disponer de una estructura de protección que lo neutralice. Así, la construcción de un muro de ladrillos o madera, o el aprovechamiento de cualquier seto o zarzal, puede ser suficiente.

Una hilera de frutales en el límite del huerto propicia un resguardo seguro. La mayoría de estos árboles son de hoja

Cultivo en zonas frescas

Albahaca, Eneldo, Hierbabuena, Mostaza, Perejil, Toronjil.

Cultivo en zonas secas

Alcaparra, Hinojo, Orégano, Romero, Tomillo.

A final del verano es el momento de mayor producción en las jardineras cultivadas con hierbas aromáticas.

caduca y, además, las flores y frutos maduros que caen al suelo todos los años, proporcionan al semillero un suministro de abono adicional.

Durante la primavera, las ramas y hojas protegen de las inclemencias del tiempo, a la vez que permiten que el sol caliente el suelo. Tenga en cuenta que, cuando las frutas maduren, será preciso disponer de un pequeño pasillo para realizar las tareas de recolección.

BANCALES

En primer lugar, debe tener presente que como mejor se trabaja la huerta es con bancales de contorno rectangular o cuadrado, lo que facilita el aprovechamiento del terreno y ofrece la posibilidad de crear distintas miniparcelas para cada cultivo. Conviene que todos estén situados en torno a la zona de paso, con el fin de que el riego y el transporte de las herramientas y hortalizas recolectadas pueda

realizarse con comodidad. Si es posible, los surcos, o al menos la alineación de las plantas, han de ir distribuidos perpendicularmente a la misma.

En caso contrario, tendrá la necesidad de crear unas nuevas zonas transversales que separen los distintos bancales, que sólo quedarán diferenciados del resto del terreno por no estar arados o, a lo sumo, por la colocación de tablones de madera. Es necesario que la zona de cultivo permanezca libre de elementos separadores, a fin de que sea posible cambiar de tamaño, orientación y forma los bancales, dependiendo de sus preferencias o necesidades.

COBERTIZO

No requiere demasiado espacio y, preferiblemente, debe estar ubicado entre los bancales y el límite de la parcela para ser aprovechado como elemento de protección contra el viento. Es necesario para

almacenar las hortalizas recolectadas, recoger las herramientas, guardar las semillas, plantones y demás estructuras de reproducción, disponer de todos los elementos de riego, y guarecerse en caso de repentinas lluvias.

INVERNADERO

Resulta indispensable en climatologías con inviernos largos y fríos, al objeto de aumentar el período de plantación y cosecha. Es empleado, principalmente, para la germinación de semillas y mantenimiento de plantones, así como en la siembra de las especies más delicadas.

CAMAS CALIENTES

En climatologías adversas, las camas calientes, gracias al calor producido por la fermentación del estiércol enterrado bajo el suelo, ofrecen la posibilidad de mantener las hortalizas durante las estaciones más frías y recolectar productos

La ubicación de cualquier árbol frutal ha de estar alejada de la zona de cultivo, evitando que su sombra impida el crecimiento de las hortalizas.

de la huerta fuera de temporada. El tamaño varía en función de la superficie a cultivar, teniendo en cuenta que la anchura no exceda de metro y medio.

CUBETAS DE COMPOST

En el lugar más apartado de la entrada y fuera de la zona de paso, pero al mismo tiempo bien comunicado con cualquiera de los bancales del huerto, se sitúa el espacio dedicado a la fabricación de compost. Las dimensiones de las cubetas van en función del volumen necesario para el cultivo. Debe estar alejado de la entrada porque puede desprender mal olor, aunque no conviene emplazarlo en un lugar muy retirado, pues el transporte de productos de desecho hasta el montón y las posteriores tareas de abonado obligan a realizar gran número de desplazamientos, en la mayoría de los casos cargado de peso.

ABONO VERDE

Siempre es oportuno disponer de una pequeña porción de terreno donde cultivar plantas de rápido crecimiento que luego sean empleadas como abono verde. Aunque este espacio conviene que rote cada nueva temporada, tenga presente que la mejor situación se obtiene entre bancales de hortalizas, ya que constituyen una barrera infranqueable para

todas aquellas plagas de suelo que hayan aparecido en los cultivos. Por otro lado, si ocupa un lugar cercano a varios bancales y el riego lo realiza mediante aspersores, pueden colocarse sobre este cultivo, ya que no le afecta seriamente los eventuales daños causados por las pisadas o el contacto con las mangueras de riego.

HIERBAS ÚTILES

Si cuenta con un mínimo espacio en el huerto, resulta de suma utilidad preparar un macizo para el cultivo de plantas aromáticas, condimentarias y medicinales, ya que suponen el complemento ideal en la despensa del hortelano. Estas especies no se ven afectadas por las plagas y enfermedades típicas de las hortalizas y, además, su mantenimiento es sencillo de llevar a cabo.

El lugar más adecuado donde situarlo, depende del tipo de planta que vaya a sembrar. Cabe distinguir dos grupos principales: el de las especies que requieren ambientes húmedos, como hierbabuena, eneldo, albahaca, toronjil, etc., y el de las que prefieren lugares más secos, por ejemplo tomillo, alcaparra, romero, hinojo, etc.

Una zona orientada al oeste para el primer grupo, y otra al sur para el segundo, representan los mejores emplazamientos. Si las características del terreno lo permi-

ten, ubíquelas en un lugar más elevado que el resto del huerto, delimitándolo con una pequeña valla de madera, a fin de retener mejor la tierra y evitar que sus tallos sean pisados, o que las semillas se extiendan fuera de los límites establecidos. Estas plantas agradecen la proximidad de un muro que las proteja del viento y el frío. No dude en aprovechar los vértices de la parcela y aquellas porciones de terreno que han quedado libres en las distintas zonas del huerto, entre bancales, o entre el cobertizo y el camino de entrada, etc.

FRUTALES

Para el amante de los frutales, siempre debe existir espacio libre en el huerto. Cualquier tipo de fruta necesita una buena cantidad de sol para que madure convenientemente pero, del mismo modo, las hortalizas también lo requieren. Aunque parezca una contradicción, la verdad es que resulta totalmente compatible su combinación dentro del huerto, siempre y cuando no se molesten unos a otros.

Para evitar que las copas de los frutales den sombra a las hortalizas, debe procurar cultivarlos en los límites, siempre por detrás de los bancales y orientados al sur, de forma que su sombra sólo afecte al exterior de la huerta. Así, ambos cultivos quedarán expuestos a los rayos directos del sol.

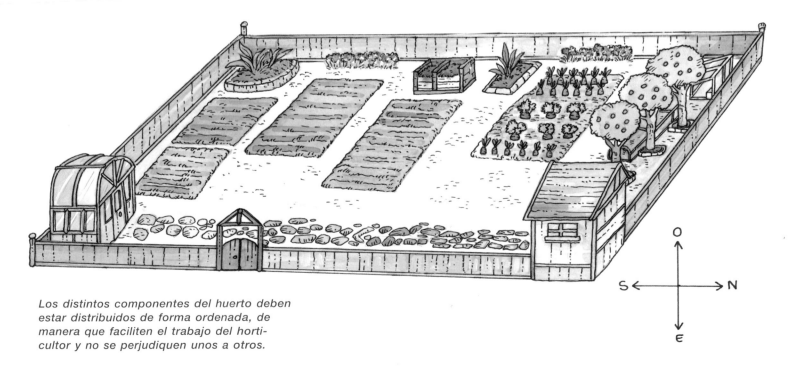

Los distintos componentes del huerto deben estar distribuidos de forma ordenada, de manera que faciliten el trabajo del horticultor y no se perjudiquen unos a otros.

El jardín hortícola

Las hortalizas en función de la forma y el color

El planteamiento que habitualmente se sigue en la planificación de un huerto está, en la mayoría de los casos, dirigido exclusivamente a la producción. Esta idea es muy aconsejable si posee el suficiente terreno, que le ofrezca la posibilidad de separar el huerto del jardín. El problema surge cuando el espacio disponible es reducido, y se encuentra ante el dilema de elegir entre la plantación de hermosas y aromáticas plantas ornamentales o, por el contrario, optar por las saludables y suculentas hortalizas, cultivadas y cosechadas por usted mismo.

Si no se decide totalmente en favor de ninguna de estas dos opciones, y lo que desea es poder disfrutar de ambas a la vez, la solución es sencilla: combine adecuadamente los elementos que caracterizan a cada uno de los tipos, y tendrá la posibilidad de contemplar como su jardín, además de llamativo, resulta productivo.

Para iniciar este sistema de distribución de plantas, ha de tomar como punto de partida las características morfológicas del terreno. La presencia de un grupo de rocas en el centro del jardín, en algunos casos, puede llevar al horticultor a abandonar la idea de instalar un huerto, pero si decora las rocas con distintas especies ornamentales, sembrando plantas de rocalla junto con otras anuales y algún ejemplar aislado de conífera, y alrededor suyo distribuye, radialmente, los surcos o caballones del huerto, habrá conseguido una llamativa combinación.

Otro inconveniente que puede ofrecer la superficie del jardín es la presencia de un talud en los límites, soslayable si lo aprovecha para cultivar hortalizas trepadoras de floración llamativa, como sucede con las calabazas, calabacines, sandías y pepinos. Todas estas especies también permiten ser distribuidas encima de una malla metálica, sobre la cual ascenderán, cubriéndola del intenso color verde de sus tallos.

En las regiones más calurosas, es posible emplear la sombra de cualquier árbol para proteger a un grupo de hortalizas. Si corre el riesgo de dañar sus raíces en las labores de arado, en vez de excavar surcos realice la operación contraria, distribuyendo las hortalizas en caballones. Puede disponerlos de manera circular o concéntricos en torno al tronco, de forma que ofrezcan una bonita composición.

Cultive en cada caballón las hortalizas en función del color para que, de este modo, alcancen mayor impacto visual.

Las plantas de temporada, como es el caso de las Petunias y los Claveles chinos, dan un toque de color al entorno.

Ciertas hortalizas deleitan al horticultor con flores tan llamativas como la de la Calabaza.

Por ejemplo, si ha distribuido los caballones de forma circular y concéntrica, plante en el más externo lechugas, en el siguiente lombarda, otro de pimientos, y el último, el que está junto al árbol con judías verdes. Su tronco servirá como apoyo a los tutores, por los que ascenderán los tallos trepadores.

También es factible preparar una serie de parterres en los que instalar cada grupo de hortalizas, como un conjunto de tomateras, pimientos o berenjenas, y rodear todo, en los límites externos, con plantas ornamentales, por ejemplo, petunias, pensamientos, etc. De este modo, se consigue un contraste muy llamativo, formado por los vivos colores de las flores y el intenso verde de las hojas y tallos de las hortalizas. Este mismo sistema es válido para el cultivo de plantas aromáticas, distribuyendo varias especies por su interior con objeto de obtener una mezcla de tonos verdes, que culminará al final del verano, tras la floración, en una variada gama de violetas y blancos (romero, hierbabuena, albahaca, etc).

Cuando se pretende crear composiciones llamativas, las combinaciones entre hortalizas han de realizarse manteniendo una alternancia de los ejemplares, dependiendo de la forma y el color de las plantas.

Las especies ornamentales que vaya a incorporar, también deben seleccionarse siguiendo estas pautas, e incluso es posible emplear algunas que, además de embellecer, nutren el suelo. El ejemplo más típico es utilizar como planta de jardín el altramuz, situándolo en los límites de los bancales, ya que aparte de decorar con sus variadas flores, las raíces aportan nitrógeno al suelo y, una vez que la floración ha terminado, sus tallos y hojas pueden ser utilizados como abono verde, con lo que la planta es aprovechada de manera singular.

Todas las especies de temporada resultan idóneas para adornar el huerto en la parte delantera, puesto que su pequeño tamaño no interfiere la llegada de los rayos de sol. Si también desea decorar con flores la parte de atrás, puede optar por el cultivo de bulbosas o plantas perennes, cuya floración aparece en largos tallos, como por ejemplo las azucenas, cañas indias, dalias, margaritas, etc.

En ocasiones, tratando los frutos de manera adecuada, pueden ser empleados como elementos ornamentales.

Los caballones circulares alrededor de la figura de cualquier elemento del jardín, proporcionan un original y llamativo sistema de cultivo.

Es posible crear una bella composición intercalando entre la plantas ornamentales surcos en los que cultivar hortalizas.

El huerto a lo largo del año

Cualquier planta sometida a la variación estacional del clima, presenta una serie de modificaciones y cambios en su aspecto y, como no, también en su desarrollo, que obligan a aplicar las técnicas de cultivo en unos períodos del año concretos. Esto sucede en jardinería con las plantas ornamentales, pero es aún más importante y trascendente en las hortalizas. La influencia de condicionantes tales como el frío o el calor, y la lluvia o la nieve, deben ser tenidos en cuenta al sembrar, abonar, regar o recolectar. Todo este conjunto de actividades ha de ser realizado de forma precisa y en el momento adecuado. De lo contrario, es posible que los resultados no se ajusten en nada a los esperados.

Para ampliar y tratar este tema, es conveniente hacer un recorrido a lo largo del año, estación por estación, comenzando por el invierno, con la preparación del terreno, y acabando en el otoño, con el almacenaje de las semillas para la próxima temporada y la recolección de los productos más tardíos.

Del mismo modo, es necesario conocer los ciclos de vida de cada hortaliza, así como el momento más propicio para la siembra, ya que es la fase más delicada en la vida de cualquier tipo de planta, y del buen inicio depende el resultado final.

Considerando la climatología de la zona, y como en todos los lugares del mundo no existen las mismas condiciones, es preciso contar con que ciertas especies no podrán ser cultivadas, sustituyéndose por otras típicas de la región y de equivalentes características. En consecuencia, las épocas de siembra y recolección deben ajustarse a la duración y peculiaridades de las estaciones, adelantándose o retrasándose según convenga.

Al final de este capítulo figura un cuadro con una relación de hortalizas junto a los cuatro períodos estacionales, separados a su vez en tres meses cada uno. Los datos a los que se hace referencia son la siembra y la recolección, teniendo pre-

En un huerto donde se pretenda cultivar todo el año, deben coexistir plantas con distintos requerimientos y cualidades.

El orden dentro del huerto resulta imprescindible si quiere que las labores de mantenimiento se lleven a cabo del modo más sencillo.

sente que ciertas especies pueden sembrarse varias veces a lo largo del año o, como ocurre con las plantas perennes, si simplemente es preciso tener constancia de la recolección. En el caso concreto de las alcachofas y los espárragos, el comienzo de la primavera es el momento idóneo para realizar la plantación, y ésta

no se efectúa nada más que una vez cada varios años. La información que aparece en este Apartado está tomada de un cultivo tipo practicado en un clima de características estacionales, sin ningún extremo pero con variación gradual entre el verano y el invierno de la temperatura, la intensidad de luz y la disponibilidad de agua.

Si no se lleva a cabo un control periódico de las plantas silvestres, pueden llegar a cubrir la superficie en poco tiempo.

Las hortalizas que recolecte ofrecerán una calidad acorde a los cuidados proporcionados.

PRINCIPIO DE INVIERNO

Después del descanso de la tierra, posterior a la recolección de las últimas hortalizas, es conveniente establecer la planificación de cómo van a ir distribuidos los bancales la próxima temporada.

Tendrá que plantearse si realiza la rotación de los cultivos, la porción de parcela que va a ser asignada para el abono verde, si dejará alguna zona en barbecho para su recuperación, el tipo de abonado que quiere utilizar la nueva temporada, o si pre-fiere ampliar el cultivo de algunas hortalizas, en detrimento de otras.

Todas estas cuestiones han de estar suficientemente determinadas, ya que es imprescindible roturar el terreno antes de comenzar a realizar las labores de abonado y arado.

Si dispone de un analizador de suelo o de pH, es aconsejable que tome las muestras pertinentes, con el fin de conocer el tipo de sustrato sobre el que va a cultivar.

Como no son demasiadas las tareas a realizar durante este período de tiempo, aproveche para arreglar las herramientas estropeadas y adquirir los recambios que crea conveniente, como mangos de madera, cuerda, alambre, piezas del sistema de riego, etc. Si necesita nuevos tutores, o tiene que renovar los que ya están muy deteriorados, hágalo utilizando las ramas podadas de los árboles del jardín.

Revise el vallado y el cobertizo a fin de sanear cualquier desperfecto.

Debe realizar el acolchado con paja de las plantas perennes, en especial de los espárragos y las alcachofas. Si tiene posibilidad de recolectarlas en la playa, emplee preferiblemente algas marinas en el caso de los primeros, porque se ven favorecidos por un matiz salino en el suelo.

Si tiene algún frutal joven y delicado, también conviene que le cubra con paja para proteger adecuadamente sus yemas.

Recolecte las últimas coles de Bruselas, teniendo en cuenta que adquieren mejor sabor cuanto más tardías son, y han sufrido ya los efectos de las primeras heladas.

Si la región disfruta de un clima seco y no excesivamente frío, puede sembrar ajos tempranos.

MITAD DEL INVIERNO

Debe efectuar el primer volteado de la tierra, arando en profundidad para airearla y evitar que se endurezca demasiado la superficie. Esta es una tarea preparatoria del terreno, anterior al abonado y al último arado previo a la siembra.

El acondicionamiento de una parte de los semilleros y las camas calientes para las siembras tempranas, ha de llevarse a cabo en este momento. Siempre y cuando disfruten de la conveniente protección, puede sembrar las habas.

Resulta posible forzar el cultivo del ruibarbo y las endibias. Las coronas de ruibarbo tienen que cubrirse con un acolchado a base de paja, o mediante el empleo de cajas de madera o plástico y bidones que, colocados sobre los tallos, acelerarán su crecimiento. Si quiere forzar aún más su desarrollo, desentierre las raíces y expóngalas al frío durante un par de semanas, sin que lleguen a secarse. Llévelas seguidamente a unas macetas e introdúzcalas en el invernadero, fuera de cualquier fuente de luz. En varias semanas, podrá recolectar los tallos para su consumo.

Para obtener endibias ha de adquirir en el mercado las raíces de las variedades de escarola adecuadas o, si dispone de ellas, desenterrarlas del huerto tras las primeras heladas. Después de eliminar las partes aéreas, entierre las raíces en mace-

con las especies que toleran cierta variación de temperatura, como por ejemplo, los repollos, las lechugas, las cebollas y los puerros. Si el clima de la zona fuese demasiado riguroso, tendrá que calentar el suelo previamente con camas calientes y acolchar los semilleros con paja.

La poda de los frutales tiene que efectuarse antes del inicio de la primavera, siendo conveniente añadir abono en la base del tronco, resultando el mantillo o el estiécol las opciones más aconsejables.

Si ha dejado algún surco con puerros, tendrá que aporcar los tallos para blanquearlos y protegerlos de las heladas.

Proceda a la recolección de bróculi, endibias, ruibarbo y las coles más resistentes.

tas, trasladándolas a un invernadero o colocándolas en camas calientes. La temperatura ideal ronda entre los 10°C y 18°C, debiendo mantenerlas en condiciones de constante humedad. En tres o cuatro semanas, dispondrá de las endibias para servirlas en su mesa.

La recolección de las coles invernales, la berza y la lombarda puede hacerse a partir de este período, cuando las pellas aparecen ya formadas y compactadas. En los climas más suaves, los apios, chirivías y puerros estarán en su punto.

FINAL DE INVIERNO

Es el momento preciso de abonar el terreno, y el compost fabricado durante todo el año podrá ser esparcido por la superficie del huerto. Si no dispone de suficiente cantidad o no ha elegido esta opción, tendrá que añadir mantillo, rocas calizas, algas, etc., dependiendo de los requerimientos de las plantas y el agotamiento del propio sustrato. Es necesario distribuirlo de forma homogénea por toda la superficie, excepto en los bancales donde vayan a ser cultivadas especies de requerimientos muy concretos, como por ejemplo todo el grupo de las coles y los repollos, ya que dan mejores resultados

Es preciso llevar a cabo la roturación del terreno sobre las zonas que van a cultivarse por primera vez.

sobre suelos alcalinos. El empleo de rocas y algas calcáreas o harinas de hueso, representa el elemento principal en esta situación. En el caso de la remolacha de mesa, un suelo de matices salinos contribuye a obtener una buena cosecha, y las algas marinas son la opción más recomendable, si dispone de ellas.

Una vez concluido el abonado, comienza a voltearse la tierra, llevando a cabo el arado del suelo, intentando que éste se produzca, como mínimo, dos veces antes de comenzar a plantar. Los semilleros inician su siembra, al menos

PRINCIPIO DE PRIMAVERA

A partir de ahora, comienza el período de mayor ajetreo en el huerto. Con la llegada del calor, se produce una explosión de vida, todos los vegetales parece que resucitan, y tanto las hortalizas como las "malas hierbas" crecen sin parar.

Es el momento de sembrar todo lo que supondrá el grueso de la producción temprana. Los semilleros estarán protegidos del frío con plásticos o cristales, y sobre ellos recaerá toda la atención del horticultor. Las semillas de lechugas, cebollas,

El aspecto general del huerto durante el invierno es el de una superficie prácticamente desprovista de hortalizas.

ficie con paja si el clima es aún demasiado frío. También tienen que ser plantadas las habas y guisantes tempranos.

En cualquiera de los casos anteriores, tenga la precaución de no regar por la noche, puesto que si helase acabaría con toda la producción, y evite hacerlo en exceso, ya que la evaporación no resulta importante por el momento.

Injerte los frutales en este período porque la savia ya se ha movilizado.

MITAD DE PRIMAVERA

Ya es posible trasplantar los plantones de la primera producción del semillero a su bancal. Mantenga algunos ejemplares en reserva; le permitirá reponer los posibles desperfectos producidos por las inclemencias del tiempo.

Extienda el abono verde sobre las hortalizas de raíz que han sido trasplantadas, como nabo, rábano y zanahoria, con lo que las protegerá en las primeras etapas de su desarrollo, acelerando el crecimiento de la raíz.

Prepare los semilleros de las especies más delicadas, que constituirán el grueso de la producción estival, cuyos principales representantes son el tomate, calabacín, pepino, berenjena, pimiento, melón, maíz dulce, acelga, espinaca y sandía. También, y con algo más de retraso, comience a sembrar las especies tardías, como puerro, apio, repollo, coles de Bru-

Las tareas de revisión y preparación de los elementos utilizados por el horticultor deben realizarse ahora, como sucede con los tutores.

chirivías, guisantes, rábanos, zanahorias, espinacas y nabos serán las primeras en sembrarse.

Al propio tiempo, los bancales deben ser arados por última vez antes de preparar los surcos y caballones. Si han permanecido acolchados con paja o abono verde, esto contribuirá a elevar la temperatura del suelo y aumentar su valor nutritivo. Ahora es la época de trasplantar los primeros repollos, las cebollas y las lechugas a los surcos, así como de distribuir las patatas tempranas en los bancales. Es conveniente que proteja la super-

La protección de semillas y plantones en esta estación es imprescindible, ya que existe riesgo de heladas.

La recolección de Ajos antes de que terminen su desarrollo aporta a la cocina los sabrosos Ajetes.

Los bancales comienzan a sustituir los tonos ocres por el verdor de las hortalizas en este período.

selas, lombarda, coliflor y bróculi, cuya recolección se prolongará a través del otoño hasta el invierno.

Debe proteger los fresales y plantar matas nuevas, si quiere conseguir fresas tempranas. De lo contrario, cuenta con la opción de esperar hasta que desaparezca el riesgo de heladas.

En los climas más suaves, puede realizar la siembra directa de espinacas, rábanos y judías verdes, y aclarar los semilleros que han permanecido a la intemperie, como en el caso de la lechuga y la col repollo.

A partir de este momento, es posible retirar el acolchado de los espárragos y las alcachofas, comenzando su recolección.

Los riegos serán más frecuentes a medida que aumente el calor y se reduzcan las lluvias primaverales. Será necesario fertilizar los lugares en los que se detecten deficiencias nutricionales, sobre todo en los plantones que han quedado de reserva en los semilleros y en las especies de lento desarrollo, como coles, patatas, etc. La escarda comienza a ser una de las tareas más comunes en los

La cosecha de Espárragos al final de la estación adquiere su máximo apogeo.

Las Lechugas son una de las hortalizas que pueden ser recolectadas durante toda la estación veraniega.

Justo antes de comenzar el verano florecen gran cantidad de hortalizas, ofreciendo una amplia gama de color.

bancales, realizándola de manera regular y continua, sin permitir que las plantas adventicias cubran el suelo. Los primeros desperdicios pueden ser depositados en las cubetas de compost.

Aclare los frutales ya fecundados y, posteriormente si lo estima oportuno, elimine algunas piezas de fruta para descargar las ramas, consiguiendo así mejor calidad en la cosecha.

Respecto al control de plagas, preste especial cuidado a las hormigas y los pulgones y, tan pronto sea detectada la presencia de hongos, suprima las ramas enfermas quemándolas y fumigue con los productos adecuados.

FINAL DE LA PRIMAVERA

Ha de trasplantar todos los plantones que pertenecen al grupo de las hortalizas estivales de forma escalonada, manteniendo siempre algunos ejemplares en reserva porque, aunque ya no existe riesgo de helada, las plagas pueden acabar con parte de la cosecha. Si dispone de espacio suficiente, es posible sembrar directamente especies de recolección tardía, como judías verdes y tomates, o aquellas de crecimiento rápido, como por ejemplo, remolacha, espinaca o rabanitos.

A medida que aumenta la temperatura y las horas de sol, el riego se convierte en una tarea imprescindible.

Las patatas tardías deben ser plantadas en este período, y las más tempranas necesitan ser binadas con el fin de eliminar las malas hierbas, aireando y desmenuzando el sustrato al mismo tiempo.

Recuerde que el agua puede ya comenzar a escasear, por lo que es preciso que riegue cuanto sea necesario. Evite por todos los medios cualquier irregularidad en este aspecto, especialmente en el grupo de las hortalizas de raíz, previniendo así posteriores deficiencias en la producción.

Si desea cultivar alguna lechuga para su recolección al final del verano, hágalo en el lugar más fresco del huerto. Los semilleros tardíos comenzarán a sembrarse con coliflores, bróculi, puerro, coles de Bruselas y lombarda.

El aclarado de plantones en los bancales donde fueron sembradas directamente las especies más resistentes, debe llevarse a cabo antes de que su desarrollo sea excesivo. Del mismo modo, hay que aclarar todas aquellas hortalizas de raíz para favorecer el desarrollo en grosor de los ejemplares. Aproveche y complete las ensaladas con las pequeñas raíces de las zanahorias y nabos; su reducido tamaño las mantiene muy tiernas.

PRINCIPIO DE VERANO

Es en esta época cuando debe hacerse más intensa la vigilancia sobre los tallos y hojas de las hortalizas, porque los vegetales ya habrán alcanzado un buen nivel de desarrollo y los primeros organismos patógenos pueden haber descubierto su presencia. No dude en aplicar tratamientos preventivos y arrancar aquellas plantas con síntomas serios de infección.

La recolección de las coles de primavera, habas y los últimos espárragos ha de realizarse en este período, al igual que las lechugas, guisantes, patatas, y cebollas tempranas con un desarrollo adecuado.

Los ejemplares eliminados o recolectados, serán sustituidos por los plantones que aún permanecen en el semillero. En el intérvalo de tiempo que transcurre entre una operación y otra, aplique abono verde sobre la superficie de la tierra, a ser posible formado por plantas leguminosas. No vacile en añadir cualquier otro elemento nutritivo y arar correctamente los bancales reutilizados.

En zonas de climas cálidos, la frecuencia de riego debe aumentar, ya que el agua se evapora más rápido y, con la fuerte intensidad de luz, las plantas se desarrollan con mayor vigor.

Es preciso colocar los tutores para las tomateras y plantas de judías verdes, puesto que su tamaño ya será el indicado. Proceda al despuntado de las tomateras y las berenjenas para proporcionar vigor a la planta.

Las binas y las escardas se convierten, poco a poco, en la labor más repetida, debido a que las "malas hierbas" se desarrollan en muy poco tiempo y han de ser controladas desde un principio. Todos los desechos producidos en el huerto irán a parar a las cubetas de compost.

Los frutales comienzan a dar fruto, y las ciruelas, los nísperos, los cítricos o las cerezas serán las primeras cosechas. A continuación, madurarán los melocotones, albaricoques y membrillos. Emplee cintas brillantes de colores colocadas sobre sus copas que, al moverse con el viento, ahuyentarán a los pájaros.

MITAD DE VERANO

Los tallos de los espárragos dejarán de ser recolectados, con el fin de que las

La distribución de los tutores para especies como la Judía verde y el Tomate, contribuye a ampliar la superficie de cultivo.

En ambientes cálidos, la Sandía madura convenientemente. La recolección debe realizarse en el momento justo.

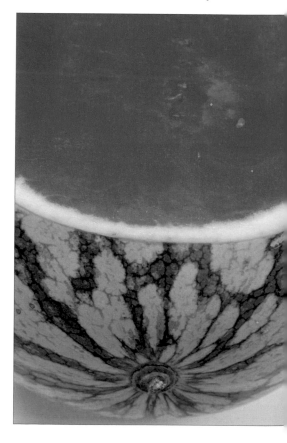

En esta época el huerto adquiere el máximo esplendor, ya que la mayoría de las plantas alcanzan su apogeo.

Al comienzo del otoño son muchas las especies que ofrecen semillas maduras para siembras posteriores, como sucede con esta Alcachofa.

La Calabaza, de tamaño y forma muy variable, es uno de los últimos productos de la temporada.

raíces de las esparragueras cojan fuerza. No ocurre lo mismo con el resto de las hortalizas, ya que ahora comienza el gran momento para el horticultor: la recolección de la mayor parte de la producción. Si realizó un escalonamiento correcto en los semilleros y en la plantación, podrá disfrutar diariamente de buen número de hortalizas y verduras.

Es la ocasión de degustar las judías verdes, tomates, berenjenas, pepinos, calabacines, melones y sandías, además de otras especies que siguen produciendo, como es el caso de las lechugas, guisantes, coles y patatas. Las plantas aromáticas posiblemente estén ya en su punto, por lo que tendrá que recolectarlas y ponerlas en las planchas de secado. Ocurre lo mismo con los ajos, sólo que antes de arrancarlos ha de tronchar sus tallos, pisando cada mata.

En este punto, hay que iniciar la plantación de las especies de crecimiento rápido, como las espinacas y escarolas, sustituyendo los lugares ocupados por las cebollas, coles de verano, etc, al igual que de las tardías en los bancales libres, como las coles de Bruselas o la lombarda.

Hay que tener especial cuidado con la falta de agua, siendo preferible regar al amanecer o al atardecer, ya que la planta lo agradece y se aprovecha mejor el agua. En lugares muy

calurosos, es recomendable el empleo de riego por goteo.

El acolchado del suelo contribuye a mantenerlo húmedo y evita, además, que los frutos descansen directamente sobre la tierra, reduciendo el riesgo de putrefacción.

Tiene que conservar la superficie limpia de hierbas y aireada, realizando de vez en cuando las tareas de escarda y binado del terreno. Retire todas las hojas muertas que se acumulan en la parte baja de las matas. Revise los tutores y la presencia de organismos patógenos.

Prepare el cobertizo para el secado y almacenaje de hortalizas. El conjunto de especies obtenidas en esta época, como hierbabuena, orégano, perejil, etc., necesitan ser preparadas rápidamente para su almacenaje. No permita que suba la flor en las especies cuya parte aprovechable sean las hojas y tallos. Limpie todos los útiles y recipientes para evitar la aparición de mohosidades.

FINAL DEL VERANO
Todavía se mantiene la producción de tomates, pimientos, judías verdes, calabacín, sandía, melón, etc, uniéndose a otras que terminan su crecimiento, como chirivía, alcachofa, remolacha de mesa, nabo, ajo y calabaza.

Es la época en que se produce mayor cantidad de desperdicios, y puede optar por dejarlos que se integren durante el otoño al suelo, o por terminar de llenar la cubeta de compost, si aún no estuviese completa. Recuerde que ha de permane-

Los frutales, y en especial las Manzanas, aumentan el abanico de alimentos recolectados en el huerto.

cer continuamente húmeda y en reposo durante al menos dos meses.

Las hortalizas con mejor aspecto y mayor desarrollo no serán recolectadas, dejándolas crecer para la obtención de semillas. El número de ejemplares depende de la superficie a cultivar la siguiente temporada.

El secado y conservación debe practicarse en todas aquellas hortalizas que no son consumidas al momento, como ocurre con los ajos, cebollas, nabos, patatas y guindillas.

Los frutales como el manzano o el peral, comienzan a dar las primeras piezas de fruta, y los higos y las fresas continuarán produciendo hasta la llegada de los primeros fríos.

Los bancales que hayan quedado despoblados tienen que ser cubiertos de inmediato con abono verde o paja; no permita que permanezcan al descubierto.

PRINCIPIO DE OTOÑO

Las últimas cosechas que aún se extienden desde el final del verano y no terminan de madurar, pueden ser empleadas en la fabricación de mermeladas o en conservas de vinagre. La despensa comenzará a llenarse de productos, y parte de las labores del campo se trasladarán a la cocina. En climas no muy fríos, todavía se estarán recolectando tomates, alcachofas, escarolas y calabazas, además de patatas y cebollas de siembra tardía. Es ahora cuando comienza la cosecha de zanahorias, maíz dulce, remolacha de mesa y nabos.

Los bancales que aún permanezcan cultivados, deben protegerse con un acolchado de paja antes de que lleguen las primeras heladas. Es preciso que hayan quedado ubicados en las zonas más soleadas y protegidas del huerto, puesto que las plantas lo agradecerán.

Ya es posible iniciar la siembra de la coliflor y las coles de invierno en lugares protegidos y, si dispone de invernadero, también la de lechugas, habas y puerros. Como los semilleros del exterior quedarán libres, límpielos de malas hierbas y cúbralos con una capa de hojarasca o paja, dejándolos en reposo hasta el final del invierno. Proceda a recoger todas las semillas que estén ya maduras, con objeto de almacenarlas hasta el inicio de la próxima temporada.

Los apios pueden aporcarse en espera de las primeras heladas, y seguirán realizándose tareas de escarda, aunque solamente en las zonas cultivadas. Deje que las plantas adventicias se desarrollen en los bancales libres, o utilícelos para cultivar abono verde. Los frutales ofrecen las últimas piezas maduras de fruta, a la espera de la inmediata caída de las hojas.

MITAD DE OTOÑO

El mal tiempo impedirá la realización de las labores con un ritmo adecuado, y el hielo nocturno será cada vez más frecuente. Desde su aparición, debe proteger con un buen acolchado el terreno cultivado o el que va a ser sembrado. Los puerros y apios tienen que estar cubiertos de tierra en la base de los tallos y pencas.

Proceda a la recolección escalonada de puerros tempranos, lombarda, últimas coles de Bruselas y alcachofas. El apio estará en todo su apogeo, al igual que las zanahorias y las chirivías. Las hortalizas de raíz que aún no han sido recogidas, serán desenterradas, como sucede con el nabo, el colinabo, y la remolacha de mesa.

Los castaños y nogales tendrán sus respectivos frutos a disposición del hortelano.

Puede preparar un pequeño foso con estiércol pajizo, al que acudirán gran cantidad de insectos y babosas buscando protección de las inclemencias climáticas y, cuando llegue el invierno, al descubrirlos podrá eliminar los más dañinos. En cli-

Buen número de hortalizas de raíz permanece en el suelo hasta bien entrado el otoño. Las Zanahorias son un ejemplo.

En esta estación, tras el grueso de la cosecha, las plantas comienzan a marchitarse y perecer. Se acerca el invierno.

mas adversos es necesario adelantar la preparación de este tipo de trampas, ya que con la llegada de los primeros fríos rápidamente se guarecen.

Ahora que disfruta de un pequeño descanso, aproveche para poner orden en el cobertizo y la despensa, porque muchos días sólo podrá llevar a cabo tareas bajo techado.

Recoja los tutores de las tomateras y las plantas de judía verde, dejando los tallos y hojas secas sobre la tierra. No olvide atarlos y guardarlos en un lugar donde estén protegidos de la podredumbre causada por la humedad.

FINAL DEL OTOÑO

Ya son pocas las hortalizas que quedan en el huerto. Continua la recolección del apio, puerro y zanahoria, iniciándose la de las coles de invierno y la coliflor. Si el frío fuese demasiado intenso o las heladas pudieran dañar estas plantas, protéjalas con paja, especialmente las coliflores de menor tamaño.

Aunque debe seguir controlando la aparición de hierbas en los bancales cultivados, la tarea de escarda ya ha dejado de ser tan agotadora como en verano.

Si dispone de invernadero, aproveche para cultivar lechugas, escarolas, rábanos y espinacas. En algunas ocasiones, si el clima lo permite, siguen recolectándose estos ejemplares del exterior, siempre y cuando hayan sido plantados a mediados de otoño, en un bancal situado allí donde esté suficientemente protegido para evitar el efecto del hielo.

El ruibarbo se recubre con paja, a fin de que disfrute de un período de reposo, antes de ser reutilizado con la llegada de la nueva temporada.

El compost tiene que ser volteado para mezclar las distintas capas que lo forman, operación que contribuirá a terminar de prepararlo, creando la masa homogénea que será aportada al terreno.

Siembre especies de abono verde en los bancales ya desiertos. Sobre el lugar que ocuparon las hortalizas de raíz y tubérculo, emplee leguminosas, que contribuirán a reforzar el sustrato pobre en nitratos. Esta será la última labor que realizará antes de iniciar el arado, al comienzo de la nueva temporada.

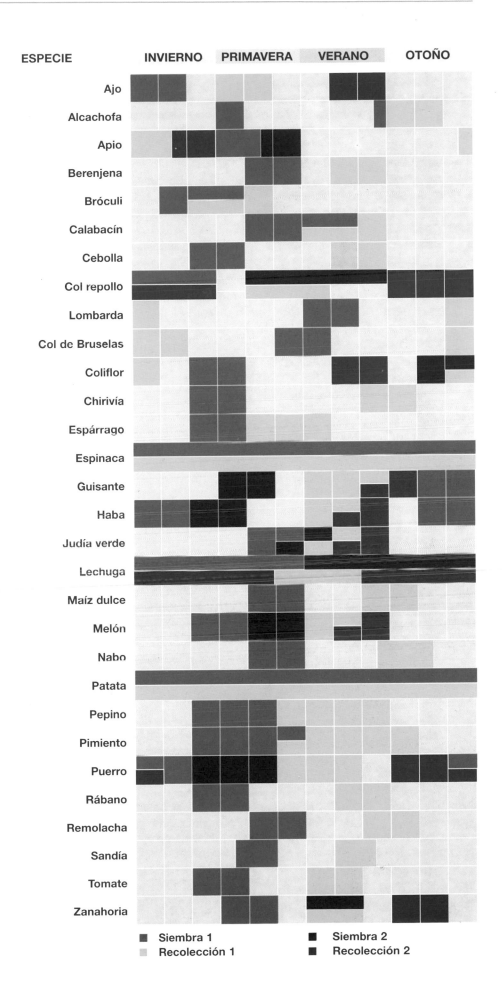

| ESPECIE | INVIERNO | PRIMAVERA | VERANO | OTOÑO |

Ajo, Alcachofa, Apio, Berenjena, Bróculi, Calabacín, Cebolla, Col repollo, Lombarda, Col de Bruselas, Coliflor, Chirivía, Espárrago, Espinaca, Guisante, Haba, Judía verde, Lechuga, Maíz dulce, Melón, Nabo, Patata, Pepino, Pimiento, Puerro, Rábano, Remolacha, Sandía, Tomate, Zanahoria

■ Siembra 1   ■ Siembra 2
■ Recolección 1   ■ Recolección 2

La rotación de los cultivos

Para regenerar las condiciones del sustrato sin emplear sistemas causantes de deterioro en el entorno, es necesario conocer las alternativas que, sin llegar a suponer una solución global, si intervienen en gran medida en la renovación natural de los elementos nutritivos, o al menos contribuyen en un aprovechamiento más justo de los mismos.

La solución que plantea la rotación de los cultivos está basada, esencialmente, en la desigual utilización que las hortalizas realizan de las cualidades del suelo.

Para comprender las repercusiones y soluciones que plantea esta técnica de cultivo, es imprescindible estar familiarizado con los dos problemas a resolver, ya que representan los grandes objetivos que

se pretende alcanzar con este método. El primero y más importante consiste en evitar el agotamiento de los nutrientes del suelo, lo que se consigue agrupando las hortalizas en función de la mayor o menor exigencia que éstas poseen para desarrollarse y completar su ciclo de vida. De esta manera, aparecen tres grupos principales: las grandes consumidoras, las poco exigentes y las que aportan nutrientes al terreno.

Dentro del primer grupo podemos englobar todas las plantas que necesitan terrenos ricos en materia orgánica y mineral, entre las que destacan la acelga, las coles, la coliflor, la espinaca, el pepino, el puerro, la lechuga y la calabaza. A este grupo también pertenecen las hortalizas

de raíz y tubérculo. Del mismo modo, son plantas exigentes, pero caracterizadas por dar un producto que se encuentra bajo tierra. Entre los ejemplos más significativos figuran la remolacha de mesa, la zanahoria, el nabo y la patata. Tal división viene motivada por el tipo de labor que requieren, ya que el arado ha de ser más profundo y el suelo debe estar suelto y muy bien aireado.

En el segundo grupo encontramos todas las hortalizas que producen buenas cosechas sin llegar a agotar al terreno, como es el caso del pimiento, el tomate, la berenjena, el calabacín, el apio y el ajo.

Finalmente, figuran las que, además de no ser grandes consumidoras, nutren

Las parcelas quedan numeradas y ocupadas por cada uno de los cuatro grupos de hortalizas, según convenga al horticultor. Así permanecerán todo el año hasta que inicie el arado de la siguiente temporada.

La rotación se produce sustituyendo la parcela ocupada por uno de los grupos que consumen

la tierra donde crecen, como las leguminosas, capaces de fijar el nitrógeno atmosférico, transformándolo en nitratos aprovechables por los vegetales. Las más representativas son el guisante, la judía verde, el garbanzo, las habas, etc.

El otro objetivo que se intenta conseguir, es el de evitar que los insectos, hongos y bacterias que producen enfermedad o debilitamiento en nuestras plantas, puedan prolongar su ciclo de vida a lo largo de los años. Muchos de estos pequeños y no deseados visitantes, son causantes de las plagas que, a menudo e inevitablemente, llegan a la huerta. Una vez producido el daño, desaparecen de nuestra vista, pero es necesario recordar que son capaces de permanecer en el terreno tras la recolección, bien en forma de huevos o a través de esporas. Soportan todo el período de descanso en que las plantas no son cultivadas, apareciendo al año siguiente en fase adulta tras el inicio del nuevo cultivo, perpetuándose, de

este modo, a lo largo de las temporadas. Empleando de manera intermitente la rotación de cultivos, podrá controlar la proliferación de estos organismos, ya que si al año próximo no vuelve a cultivar en el mismo lugar las plantas que le sirvieron de alimento el año anterior, verán cortado su ciclo de vida, creando una discontinuidad en su desarrollo. Así, de la manera más natural y cómoda, eludirá el empleo de insecticidas o la siempre desconsolante eliminación de los ejemplares dañados.

Una vez alcanzado este punto, y teniendo presente la diferencia entre los cuatro grupos de hortalizas, antes de arar, debe roturar el huerto con la finalidad de crear cuatro parcelas de terreno separadas, aislando convenientemente unas de otras.

Dispense a cada una de ellas los aportes de abono pertinentes, según sus necesidades. Una vez mezclado el abono y realizado el primer arado, numere las porciones de terreno del número uno al

cuatro. Coloque en la primera, por ejemplo, las leguminosas, en la segunda las hortalizas exigentes, de tallo, bulbo y hoja, en la tercera las poco consumidoras de flor y fruto, y finalmente en la cuarta las exigentes de raíz y tubérculo. Una vez establecida la distribución, podrá sembrar en cada parcela como lo haría en cualquier otra situación preparando el terreno dependiendo de los requerimientos.

Con esta compartimentación inicial, completará un ciclo de un año, pudiendo intercalar entre recolección y siembra plantas de ciclo corto, como rabanitos, guisantes o remolacha de mesa, con propósito de sacar mayor provecho a terrenos libres. En la próxima temporada tendrá que variar la posición de los cultivos, sustituyendo siempre el grupo de las hortalizas muy exigentes por el de las poco exigentes, teniendo en cuenta que si se ha producido una plaga en una de las parcelas, al año siguiente la alternancia tendrá que llevarla a cabo en diagonal.

ocupada por uno de los grupos que con-
los denominados poco exigentes o viceversa.

Ante la presencia de una plaga de suelo, la rotación de cada parcela se realizará en diagonal, a fin de evitar el mínimo contacto entre hortalizas y superficie infectada.

Control y desherbado de las plantas competidoras

Con la intención de mantener limpio, cuidado y en buenas condiciones nuestro huerto, desde siempre se ha intentado eliminar cualquier tipo de planta que no aportase ningún tipo de beneficio o aprovechamiento culinario al horticultor. Este es el motivo a partir del cual fue acuñado el erróneo y equívoco término de "mala hierba".

Bien es verdad que estas plantas compiten con las hortalizas por el aprovechamiento de los elementos orgánicos e inorgánicos que contiene el suelo, así como por el agua y los rayos solares que permiten su crecimiento, amén de entorpecer las labores de mantenimiento y recolección que precisan. A pesar de ello, no debemos olvidar que estos vegetales son los que han protegido el terreno de la erosión y han contribuido a fabricar el suelo donde ahora usted tiene el huerto, manteniendo y regenerando los nutrientes que posee.

Con el fin de ejercer un control racional sobre este tipo de plantas, al menos durante el período en que el suelo es cultivado, es necesario conocer las características que definen el crecimiento y reproducción de las mismas.

Por su condición de plantas silvestres, son de crecimiento y desarrollo más rápido y vigoroso que sus parientes, las seleccionadas por el hombre. Resisten mejor el ataque de los parásitos y, además, poseen la capacidad de producir muchas semillas en muy poco tiempo, con un alto poder de dispersión y germinación.

Los factores que favorecen su proliferación dentro de los terrenos empleados para la horticultura son, principalmente, la buena calidad y variedad de condiciones óptimas para el crecimiento que encuentran en estos lugares, asociados, sin duda, a la destrucción de los espacios naturales donde normalmente se desarrollarían. La aparición cada vez más frecuente de zonas desarboladas, bien sea por deterioro o por incendio y, finalmente, la proximidad de terrenos no cultivados, que

Las mal denominadas "malas hierbas", en ocasiones puden ser utilizadas como plantas ornamentales de jardín.

La tierra descubierta de los huertos es una superficie espléndida para la germinación de semillas.

Como medidas más importantes, es preciso evitar al máximo la presencia de semillas en el abono y el material de acolchado que vaya a introducir en su huerto, así como realizar las escardas antes de que las hierbas competidoras inicien la floración y fabricación de las semillas. También resulta oportuno restringir el riego en todo lo posible, limitándolo a las zonas donde haya hortalizas cultivadas. El sistema de riego por goteo resulta el más eficaz en este aspecto.

Por último, y para no desperdiciar nada de lo que se produce en el huerto, acumule todas las planta arrancadas en el lugar donde habitualmente prepara el compost, con objeto de poder aprovecharlo al año siguiente. Asegúrese de que todo este material está bien descompuesto ya que, en caso de que las semillas no fuesen destruidas, podrían volver a germinar.

Durante la estación veraniega el horticultor está obligado a proteger las hortalizas del acoso de las hierbas competidoras.

ofrecen un enorme potencial de colonización debido al gran número de especies silvestres que albergan, son dos de los motivos por los que estas plantas adventicias están tan extendidas.

Como puede suponer, es imposible deshacerse de su presencia, ni siquiera empleando los más contundentes y agresivos productos químicos, por otro lado dañinos y perjudiciales para la salud. Ahora bien, para mantener a raya su aparición, al menos en la época de cultivo, conviene emplear métodos preventivos, sin tener que utilizar herbicidas ni productos químicos de dudosa inocuidad.

El camino a seguir desde el primer momento en que ponga el pie en el huerto, es la roza del terreno previa al arado, retirando todas las plantas que hayan crecido. A continuación, resulta beneficioso que practique el arado al menos dos veces antes de sembrar, porque contribuye a enterrar las posibles semillas y plántulas a una profundidad desde la cual no podrán alcanzar la superficie.

Una vez iniciado el cultivo, cuidará de que no crezca ni se desarrolle ninguna planta ajena al mismo, lo que motivará realizar labores de escarda y bina. Por otro lado, el acolchado del terreno, aparte de reportar diversos beneficios, como la protección contra las heladas y el aporte de nutrientes, inhibe la germinación de semillas y el desarrollo de las pequeñas plantas que ya habían iniciado el crecimiento.

La Amapola es una especie que se propaga con gran rapidez y eficacia, asociada siempre a las zonas de cultivo.

Prevención y métodos de control

En la naturaleza, todos los seres vivos conviven en estrecha relación. Los vegetales captan la energía del sol y la transforman en materia orgánica, que aprovechan los animales herbívoros. Estos, a su vez, fecundan las flores y, en muchas ocasiones, son los que transportan y dispersan sus semillas. Por otra parte, los animales, al concluir su ciclo vital, contribuyen a fabricar el suelo donde germinarán las semillas. No es posible pasar por alto a los hongos y las bacterias, que degradan la materia orgánica para su fácil asimilación por parte de las raíces, ya que sin su ayuda sería prácticamente imposible que este ciclo se cerrase.

Todo ello crea un equilibrio, haciendo imposible concebir un ecosistema en el cual sólo vivan suculentas plantas, por lo que es necesario admitirlo como un conjunto de piezas, todas indispensables. En el huerto sucede lo mismo. La tierra necesita mantenerse viva, y en su interior deben estar incluidas las bacterias, los hongos, las lombrices, etc., al igual que sobre tallos y flores deben existir insectos capaces de

Reptiles como la salamanquesa, a pesar de su aspecto, contribuyen a eliminar cualquier tipo de insecto.

Aún reconociendo su preferencia por las frutas maduras, los pájaros son fieles aliados al reducir el número de orugas perjudiciales en el huerto.

llevar a cabo la fecundación de las flores.

Bien es cierto que hay una serie de organismos patógenos que dañan más que benefician al vegetal, como determinados parásitos que no reportan ninguna ventaja. En tal caso, si es necesario controlar su presencia, aunque resulta de vital importancia que el control no perjudique al resto del conjunto. Tiene que evitar, por todos los medios, que los productos empleados en el tratamiento de enfermedades y plagas repercutan negativamente en el suelo, en la propia planta y, por su puesto, en los seres vivos que entran en contacto con ella, incluidas las personas.

Es conocido que ciertos insecticidas además de ser venenosos para los patógenos, también lo son para el resto de seres vivos, y las repercusiones sobre cualquiera que los ingiera, resultan nefastas para su salud. Es preciso que las sustancias empleadas en el control de plagas y enfermedades sean de origen natural, no permanezcan en el entorno por mucho tiempo (es decir, que se degraden con facilidad) y que su campo de acción quede lo más reducido posible. Para poder emplear este tipo de componentes, resulta indispensable conocerlos, así como familiarizarse con los

No todas las mariposas que visitan nuestras hortalizas son perjudiciales. Al recolectar el néctar fecundan las flores.

La presencia de abejas en las proximidades de la zona de cultivo facilita la polinización de las flores y, por consiguiente, la formación de los frutos.

La maceración es uno de los sistemas de elaboración más sencillos de realizar. Basta con mantener en remojo los elementos vegetales.

métodos que han de ser utilizados en la elaboración de los preparados, a fin de asegurar que surtan el efecto deseado.

PROCEDIMIENTOS DE ELABORACIÓN

Existen determinados preparados en la elaboración de plaguicidas. Los procesos necesarios para culminarlos con éxito requieren ciertos conocimientos previos, como son la localización de las sustancias activas en las flores, hojas y raíces de las plantas que intervienen en la fabricación, y la correcta extracción de las mismas. Atendiendo a estos criterios, los métodos más empleados son la obtención de purin y extractos, la maceración, la decocción y la infusión.

Para elaborar el purin es preciso preparar previamente las plantas que van a intervenir en él, troceándolas e introduciéndolas en agua dentro de un recipiente

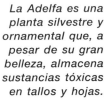

La Adelfa es una planta silvestre y ornamental que, a pesar de su gran belleza, almacena sustancias tóxicas en tallos y hojas.

de madera o barro. Tienen que permanecer sumergidas durante dos o tres semanas, manteniendo un mínimo de ventilación y removiendo periódicamente. La mezcla resultante se separa de los restos vegetales con un colador.

Los extractos de plantas se obtienen tras triturar las partes frescas del vegetal, como flores, tallos, raíces, etc, con un poco de agua, introduciendo todo en una prensa o en una bolsa de tela, a fin de exprimir el contenido. Para su aplicación, es preciso diluirlo.

La extracción de las sustancias activas a través de la maceración, ha de realizarse desmenuzando las plantas en trozos pequeños, cubriéndolas con agua fría durante uno o tres días, dependiendo del tipo de plantas utilizadas y del ambiente. Una vez transcurrido este período, debe filtrarse para su uso.

La decocción de las hojas, tallos y flores de las plantas, ha de ser posterior a la preparación del material. Cuando esté desmenuzado, se pone en remojo para,

posteriormente, transcurridas 24 horas, hervirlo durante media hora. Debe dejarse enfriar, filtrando a continuación el caldo producido.

Mediante la infusión de los restos vegetales, previamente secados, se consigue extraer sustancias solubles de gran valor en el tratamiento de enfermedades. Las plantas se introducen desmenuzadas en un recipiente con agua hirviendo, removiendo para

rehidratar de nuevo el material. Una vez enfriado, sólo tiene que filtrar la mezcla antes de suministrarla.

Todos los productos extraídos deberían ser empleados en el momento, ya que existe el peligro de que pierdan sus propiedades. Si no es así, embotelle los caldos cerrándolos herméticamente, siendo imprescindible la conservación del contenido en un lugar a bajas temperaturas.

Debe tener mucho cuidado en el manejo de la Ruda, ya que el olor que desprende toda la planta no es demasiado agradable.

Preparados de origen natural

Todas las plantas que figuran a continuación poseen propiedades que repelen la presencia de ciertos patógenos, reduciendo su número, o bien disminuyen el riesgo de contagio en los momentos más delicados de las hortalizas.

Para encontrarlas, tiene la opción de recurrir al herbolario o a tiendas especializadas, donde además es posible obtener algunas de estas recetas ya preparadas, o puede recolectarlas usted mismo en el campo, en cuyo caso debe conocerlas y tener presente que la mejor época para hacerlo es la primavera.

Decocción de cola de caballo (Equisetum arvense)
Contra la araña roja.
Es aprovechable toda la planta excepto la raíz. Si utiliza material fresco, la proporción es de 150 gramos por litro de agua (en seco 20 g/l), y ha de macerarlo antes de hervir. Puede añadir silicato de sosa para potenciar su efecto (5-10 g/l). Pulverice directamente sobre la planta tres veces al día hasta que desaparezca el parásito.

Decocción o infusión de ajo (Allium sativum)
Contra el gorgojo y el pulgón.
La cantidad aconsejable es de 50 gramos por litro de agua. Para aumentar su eficacia, puede mezclar con jabón de potasa (10 g/l). Pulverice plantas y suelo, diluido al 20%.

Decocción o infusión de Ruibarbo (Rheum rhabarbatum)
Eficaz contra el ataque de polillas.Con 150 gramos de hojas por litro de agua es suficiente para aplicarlo sin tener que diluir. Pulverice durante tres días consecutivos.

Infusión de hierbabuena (Mentha spicata)
Muy recomendable contra el gorgojo. Las hojas sin tallo son las empleadas en la fabricación de este preparado. Se emulsiona el caldo con aceite etéreo al 1%. Pulverice o empape las semillas afectadas.

Maceración de pelitre (Chrysanthemum cinerariaefolium)
Indicado ante el ataque de distintos tipos de mosca y pulgón.
Son las flores secas las que intervienen en la fabricación de este preparado, empleando 50 g/l, y macerándolas durante un día completo. Debe almacenar el producto alejado de los rayos solares. Aplíquelo puro sobre las plantas dañadas.

Maceración de Ruda (Ruta graveolens)
Combate eficazmente los pulgones.
Las hojas son la parte útil de la planta, incorporándolas en una cantidad de 150 g/l. Debe permanecer entre 10-20 días en agua. Pulverice al 20% sobre las plantas afectadas. No rocíe sobre los frutos o partes comestibles, ya que provoca un intenso amargor al ingerirlos sin lavarlos previamente.

El Altramuz, además de ser una hermosa planta ornamental y abonar el suelo donde crece, puede utilizarse como repelente para hormigas.

Preparado de Adelfa (Nerium olcander)

Contra ratas y ratones.
Triture las hojas secas, mezclándolas con azúcar o queso rallado.

Preparado de Altramuz (Lupinus sp.)

Impide que las hormigas trepen por los tallos.
Triture las semillas y mezcle el polvo con aceite de oliva. Impregne trapos, colocándolos alrededor de los tallos.

Preparado de jabón de potasa

Tratamiento para plantas afectadas por pulgón, orugas y cochinillas.
Diluya entre 15-30 g de jabón en un litro de agua. Pulverice sobre tallos y hojas, después del riego dos veces diarias.

Purin de Cebolla (Allium cepa)

Método preventivo ante el ataque de la mosca de la zanahoria.
Mantenga durante una semana 100 g de bulbo en un litro de agua. El producto final se pulveriza en hojas, tallos y suelo al 10%.

Purin de ortiga (Urtica dioica)

Contra el ataque de ácaros.
Emplee la planta entera excepto la raíz, en una proporción de 100 g/l si el material es fresco (20 g/l si ha sido almacenado seco). Antes de extraer el producto, debe someterlo a dos semanas de fermentación. Pulverice al 5% sobre suelo y planta.

Purin de Sauco (Sambucus nigra)

Ahuyenta y reduce el número de topos, musarañas y ratones.
Las hojas y flores han de permanecer en agua en una proporción de 50 g/l, dos semanas. Impregne sin diluirlo las galerías donde habitan, así como los laterales del cobertizo.

Solución de tabaco (Nicotiana sp.)

Ataja el ataque de los pulgones, minadores, mosca blanca y trips.
En la mezcla intervienen 250 g de tabaco, 30 g. de jabón y 4 l de agua, hirivéndolo todo durante 30 minutos. Diluya en una proporción de una cuarta parte para aplicar pulverizada.

Tintura de tomate

Eficaz contra la oruga de las coles y los pulgones.
En un litro de alcohol etílico, se introduce medio kilo de brotes laterales de tomate troceados, manteniéndolos en un recipiente herméticamente cerrado. Espere una semana antes de retirarlos. Después, diluya una cuarta parte del producto final en 10 l de agua. Finalmente, añada 700 g de jabón en polvo y proceda a su aplicación sobre la base del tallo como método preventivo, o en hojas cuando el ataque se haya producido.

Las plagas
Reconocimiento y tratamiento

Debido a la gran tradición que a lo largo de la historia ha tenido el cultivo de las hortalizas, con el paso del tiempo, se ha ido favoreciendo a las especies mejor dotadas desde el punto de vista nutritivo. A estas plantas, caracterizadas por su gran capacidad productiva, se las proporcionan los mejores cuidados. No les falta abono y agua, no tienen que competir con otras plantas y, además, están continuamente protegidas del ataque de organismos patógenos.

Esta situación, sin querer e inevitablemente, ha provocado la pérdida de resistencia ante las adversidades, en favor de la productividad. En consecuencia, aparece el problema de que se convierten en un suculento manjar para insectos, hongos, bacterias, virus, etc., que no dudan en aprovechar la menor ocasión para alimentarse de ellas. No debemos olvidar que todos estos organismos son seres vivos y necesitan nutrirse para crecer y reproducirse.

En el medio natural, los parásitos actúan con total independencia conviviendo con el resto de los seres que ocupan cada ecosistema. Gracias a las interacciones que las propias plantas y el resto de organismos mantienen entre sí, es posible que se produzcan unos mecanismos de autocontrol entre especies, como sucede en el caso de las mariquitas que se alimentan de pulgones, o de los pájaros insectívoros que reducen el número de orugas, escarabajos, etc.

Esta circunstancia, favorece la presencia de un equilibrio natural, que sólo se quebranta cuando las condiciones del medio son alteradas, provocando en ese momento que unas especies dominen sobre otras. Este es el caso que encontramos en un huerto tratado con productos químicos y sometido a una variación constante de sus condiciones naturales. La presencia de un grupo de parásitos, en un lugar donde no va a existir ningún mecanismo natural de control de su

La gran rapidez con que devoran las avispas cualquier tipo de fruto maduro, sin olvidar el doloroso veneno de su aguijón, las convierte en temibles.

De un modo sencillo y práctico, mediante la construcción de una trampa para avispas, puede eliminarlas.

Avispas. No son muy buenas amigas del horticultor, porque atacan sin pudor cualquier fruto maduro. Resultan especialmente dañinas cuando el avispero se encuentra dentro del huerto. Si posee frutales, serán los que se vean más afectados.

Tratamiento. Instale trampas. La más eficaz resulta la fabricada con una botella de plástico dividida en dos mitadas desiguales. La parte inferior ha de ser de mayor tamaño, rellenándola con una mezcla dulce, que puede preparar con miel, azucar y agua, o cualquier tipo de zumo azucarado (los higos maduros triturados las atraen mucho). A continuación, tape el recipiente con la otra mitad de la botella en posición invertida, es decir, con el cuello hacia abajo, asegurándose de que no llegue a tocar el líquido del interior. Esto permite el paso de las avispas y demás insectos voladores sin impedimentos, e impide su salida.

Además de reducir las avispas que llegan hasta las hortalizas, es necesario que elimine cualquier avispero localizado, destruyéndolo o tapando con cemento las oquedades donde estén construidos. Los lugares más solicitados son los tubos metálicos del vallado y la parte inferior de los techos del cobertizo o el invernadero.

Caracoles y babosas. Estos orga-

población, provocará la proliferación de los mismos, llegando a la tan desesperante situación de plaga incontrolada.

Los caracoles y babosas, en contraposición a su lenta velocidad de desplazamiento, son rapidos devoradores de hojas.

LAS PLAGAS. IDENTIFICACIÓN Y TRATAMIENTO

Alacran cebollero. Es un experto excavador de galerías en el suelo, semejantes a las construidas por los grillos. De aspecto alargado y color pardo, suele alcanzar un tamaño considerable. Se alimenta principalmente de las raíces más tiernas de las bulbosas.

Tratamiento. No es demasiado común encontrar muchos ejemplares distribuidos por el huerto. Siempre que observe galerías en el suelo, remueva la tierra con el azadón y retire los encontrados. Si detecta algún ajo o cebolla deteriorado, no dude en extraerlo y localizar al causante.

Araña roja. Se trata de pequeños ácaros de color rojo que se cobijan en el envés de las hojas de las hortalizas. Son organismos chupadores de savia y atacan principalmente a especies de fruto como el tomate, la sandía, el pepino, el melón, o la judía verde, aunque no desprecian otras como el apio o la zanahoria.

Tratamiento. Como suelen aparecer en ambientes secos, si aumenta el riego o pulveriza los tallos con agua puede eliminarlos. Si no es así, rocíe las hojas y tallos con distintos preparados a base de ortigas o cola de caballo.

El color amarillo característico del escarabajo de la patata y las líneas negras que decoran el caparazón del macho, resultan inconfundibles para su identificación.

La presencia de topos en el suelo del huerto es fácilmente reconocible por la acumulación en la superficie de tierra extraída de sus galerías.

Los insectos de pequeño tamaño en grupo, deben controlarse antes de la proliferación masiva.

nismos son típicos habitantes de cualquier terreno cultivado, especialmente en épocas que disfrutan de temperaturas suaves y gran humedad ambiental. Actúan de noche y son voraces devoradores de hojas. Durante el día permanecen escondidos bajo las piedras, los semilleros, entre la maleza, o protegidos en cualquier recoveco del cobertizo, el muro o el invernadero.

Tratamiento. La colocación de bandejas enterradas en el suelo con cerveza o cualquier solución azucarada, es el método más eficaz de atracción y captura. Han de instalarse por la noche y en los lugares próximos a los ejemplares que han sido atacados. Si quiere evitar que asciendan por los tallos, rodee la base con un trapo impregnado en aceite o alquitrán, o mantenga un círculo de ceniza en el suelo.

Escarabajo de la patata. Es dañino tanto en su fase adulta como de larva. El adulto es reconocible por su caparazón

La existencia de una mancha de color negro y un lunar en la punta de las alas de esta mariposa, indica una futura proliferación de orugas de la col.

Los pulgones son una de las plagas más extendidas, presentes tanto en jardines como en huertos.

de color amarillo con bandas negras, que habita sobre tallos y hojas. Realiza la puesta durante el verano y, una vez que nacen las larvas, el ataque resulta inevitable. Su voracidad puede llegar a destruir toda la cosecha. El ciclo se cierra cuando el nuevo adulto se protege de la llegada del invierno en el interior del suelo.

Tratamiento. Las larvas mueren si se pulveriza toda la planta con pelitre o solución de tabaco. Las labores de arado en

Las bulbosas son vulnerables al ataque de un experto excavador, como es el alacrán cebollero.

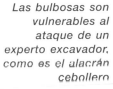

Un método de prevención contra los comedores de hojas es la instalación de trampas repelentes o pegajosas a pie de mata.

La obtención de una buena cosecha depende, en gran medida, del control de las plagas.

el invierno favorecen la destrucción de los adultos. La rotación de los cultivos no es eficaz contra este tipo de organismos voladores.

Falsa potra de los nabos y las coles. Es una larva de coleóptero que ataca directamente la base de los tallos. Es posible reconocerla por la existencia de unas protuberancias redondeadas en dicha zona.

Tratamiento. Aplique una emulsión de hierbabuena, empapando las semillas que pudieran estar infectadas, y trate también los semilleros ya plantados con esta emulsión. Para reducir a las hembras, es necesario emplear piretrum natural. Tras una plaga de este tipo, debe rotar el cultivo y no volver a plantar en la zona afectada una hortaliza de este grupo de las crucíferas, hasta transcurridos tres años.

Gorgojo de las leguminosas. Bajo este nombre, son conocidas distintas especies de escarabajo. Su actividad se centra sobre las hojas y nuevos brotes de judías verdes y guisantes. Las devoran durante la noche y permanecen escondidos durante el día.

Tratamiento. Como durante el invierno estos escarabajos se protegen del frío cobijados en los montones de compost, para evitar su presencia en los bancales donde vaya a cultivar legumbres, es conveniente que el compost quede bien mezclado, aireado y triturado, antes de realizar el arado.

Una vez presentes en el cultivo, para combatirlos, es preciso el empleo de repelentes. Los más efectivos resultan ser la cal, la solución de tabaco o el preparado de sulfato de cobre. Las plantas deben ser impregnadas con la ayuda de un pulverizador. Si en la temporada pasada estuvieron presentes y ha seleccionado semillas para una nueva siembra, sumérjalas en una infusión de hierbabuena, ya que podrían portar huevos y dar lugar a una nueva plaga.

Gusano del alambre. Son larvas de gran tamaño que viven enterradas en el sustrato. Se fijan a los tubérculos y raíces de la patata, la zanahoria o la remolacha de mesa, destruyéndolos. Su presencia puede asociarse al amarilleamiento general de un sólo ejemplar dentro del bancal. Paralizan el desarrollo y, si no son controladas, acaban con la planta.

Tratamiento. Como no suelen aparecer en gran número, excave en el suelo y extraiga al ejemplar causante del daño. Las labores profundas durante el arado y las binas regulares, los sacarán a la superficie, donde los pájaros o usted mismo podrán eliminarlos. En suelos secos no sobreviven.

Gusanos grises y blancos. Ambos atacan las partes subterráneas de las hortalizas y los tallos. Son detectables por los daños inferidos en el cuello de la raíz y la base del tallo, causando el debilitamiento de la planta, que acaba muriendo. Las especies que sufren su acción son la remolacha de mesa, la patata, la zanahoria o el tomate.

Tratamiento. Las labores profundas y el binado del terreno los ponen a descubierto, debiendo ser retirados del sustrato inmediatamente. Es posible reducir su número a través de la colocación de cebos, empleando trozos de patata o cualquier otra hortaliza de raíz, pinchados en un palo y enterrados entre los surcos del bancal, siendo necesario retirarlos cada día. Como método preventivo, la protección de la base del tallo con collares impregnados de aceite y cenizas, o la colocación de anillos de ceniza en torno a los tallos, evitará el ataque nocturno.

Mosca blanca. Es un pequeño insecto de color blanco que revolotea alrededor de la planta y descansa sobre las hojas. Produce gran cantidad de larvas de color verde, situadas en el envés. Se alimentan de savia y, debido a su alto grado de proliferación, es preciso tratar los ejemplares afectados lo antes posible.

Tratamiento. La planta debe ser rociada de manera copiosa, utilizando una solución de jabón de potasa, ajo o tabaco, hasta que desaparezca por completo el pequeño visitante.

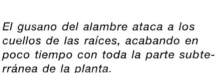

El gusano del alambre ataca a los cuellos de las raíces, acabando en poco tiempo con toda la parte subterránea de la planta.

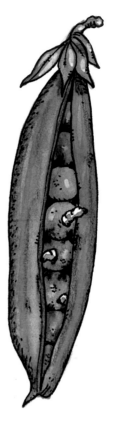

La polilla del guisante produce unas larvas de gran voracidad, capaces de acabar con todo el cultivo.

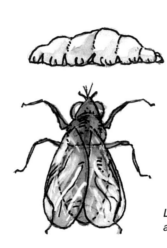

La mosca de la col y su larva debe controlarse a fin de evitar la infección de toda la cosecha.

Mosca de la col. Surge una vez que las moscas depositan los huevos en el cuello de las coles y nacen las larvas, que se introducirán en el interior de la planta hasta acabar con ella.

Tratamiento. Tan pronto haya detectado el mal en cualquiera de las coles, es preciso rociar por completo la base de los tallos de toda la cosecha con purin de ajenjo, ya que una vez que las larvas colonizan el interior de la planta, resulta muy difícil erradicar su presencia. El tratamiento del suelo antes de iniciar el cultivo es de vital importancia. La rotación de los cultivos representa el método más eficaz y menos traumático.

Mosca de la zanahoria. Las larvas que la producen atacan exclusivamente a la raíz. Los plantones mueren con rapidez, y las zanahorias ya desarrolladas se llenan de pequeños gusanos de color blanco, que taladran y perforan con galerías todo el interior de las raíces. Perma-

necen durante el invierno en el suelo o sobre las zanahorias que no han sido arrancadas.

Tratamiento. En primer lugar han de ser retiradas las plantas afectadas, y regar el suelo con purin de ortiga. Para prevenir su presencia, el purin de cebolla o ajo rociado sobre los tallos repele a la mosca, que no se acerca, evitando la puesta de huevos.

Mosca del apio. Las larvas de esta mosca son las causantes de los daños que sufren las plantas. Viven en el interior de las hojas y su existencia se detecta por la aparición de galerías translúcidas, que surcan de lado a lado toda la superficie de las mismas.

Tratamiento. Si ha descubierto su presencia antes de que se haya extendido sobre el cultivo, es preferible arrancar las hojas dañadas y retirarlas. En caso contrario, tendrá que rociar la planta con purin de ajenjo o pelitre, hasta conseguir reducir la plaga.

Nematodos. Son los causantes de las deformaciones y abultamientos de las raíces, dando lugar a quistes sobre su superficie. La planta reduce el desarrollo, pereciendo en poco tiempo. Es indispensable revisar esta parte de la planta tras ser arrancada. Atacan a casi todas las hortalizas, como patata, coles, zanahoria, berenjena, endibia, fresa, etc.

Tratamiento. Resultan muy difíciles de eliminar, ya que quedan en el suelo o sobre las raíces de hierbas adventicias. La rotación de cultivos durante dos temporadas completas es el único método eficaz. Especies como el maíz dulce, el trigo o la alfalfa son resistentes a este parásito, y contribuyen a parar el ciclo de reproducción de tan dañino visitante.

Oruga de la col. La mariposa blanca es la que se encarga de poner los huevos sobre los tallos de las coles en primavera. Al cabo de cierto tiempo, aparecen buen número de orugas de color verdoso con franjas amarillas, que mordisquean las hojas de las pellas.

Tratamiento. Como mecanismo de prevención, coloque un collar de tela impregnada en aceite o tintura de tomate alrededor de la base de cada tallo. Si el ataque se ha producido, es posible reducir su efecto pulverizando la planta con tintura de tomate o una solución de jabón de potasa. Otro método, lento pero eficaz, es la retirada de las orugas una a una, ya que no suelen proliferar en gran número si se controlan correctamente.

Polilla. Es reconocible por su pequeño tamaño y el color parduzco de las alas y, una vez que pone los huevos sobre la planta, sus larvas comienzan a proliferar, provocando daños en las hortalizas. Son capaces de introducirse en las vainas de los guisantes y acabar con las semillas en poco tiempo.

Tratamiento. Si ha existido un ataque anterior por parte de este insecto, como método preventivo, es preciso evitar la repetición del cultivo sobre el mismo terreno; de esta forma, se interrumpirá su ciclo vital. Una vez identificada su presencia, es posible tratar la plaga rociando la planta con el líquido extraído de la decocción del helecho cola de caballo o de ruibarbo.

Pulgones. Se alimentan absorbiendo la savia de los tallos y brotes más tiernos. Proliferan con gran rapidez, provocando una deformación irreversible de la zona

atacada, cubriéndola totalmente. Su color varía entre el negro, el amarillo y el verde. Las plagas más dañinas aparecen sobre la patata, la lechuga, y la judía verde, aunque no es difícil que ataque cualquier especie hortícola.

Tratamiento. El preparado de jabón de potasa, el caldo de la maceración de ruda, o la solución de tabaco, rociándolo sobre toda la planta en dosis repetidas, acabará con ellos.

Pulguillas. Las de las crucíferas son larvas de coleópteros perforadoras de

hojas. Las adultas también dañan las hojas devorándolas ferozmente. Atacan principalmente al nabo.

Existe otro tipo de pulguilla que afecta al grupo de la acelga y la remolacha de mesa, causando unos característicos agujeros circulares.

Tratamiento. Rociando sobre la planta purín de ajenjo o pelitre nada más detecte su presencia, podrá evitar la plaga.

Su empleo resulta efectivo contra cualquier especie de pulguilla.

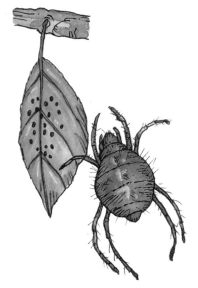

La araña roja, pese a su pequeño tamaño, si consigue reproducirse, perjudica seriamente a las hortalizas.

Mientras las larvas de la mosca blanca se alimentan de la savia de las hortalizas, los adultos extienden rápidamente la plaga.

El gorgojo de las leguminosas ataca a estas hortalizas durante la noche, escondiéndose de día bajo los terrones de tierra.

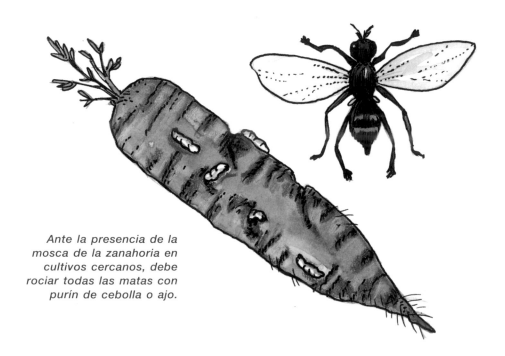

Ante la presencia de la mosca de la zanahoria en cultivos cercanos, debe rociar todas las matas con purín de cebolla o ajo.

El huerto
NATURAL

Introducción

EN LA VIDA COTIDIANA, EL CONSUMO DE ALIMENTOS EN CONSERVA Y TRATADOS CON SUSTANCIAS QUÍMICAS ESTÁ A LA ORDEN DEL día. Se pone todo el interés en sacar mayor rentabilidad a las cosechas y llevar a la mesa los productos más llamativos y con mejor presencia, sin ofrecer ningún reparo a la calidad de los mismos. Es necesario tener presente que, para mejorar la producción y aspecto de las hortalizas, no siempre se emplean los métodos más adecuados, y en grandes superficies de cultivo, el uso de productos químicos es la alternativa más practicada.

Si esta opción no tuviese incidencia, no habría ningún problema, pero la realidad es que no se conocen a ciencia cierta las repercusiones que conllevan estos tratamientos. En primer lugar, el sabor ya no es el mismo que el de un producto obtenido por métodos naturales y, en muchos casos, se ha comprobado que ciertos compuestos químicos resultan perjudiciales para la salud.

Especial mención merecen los herbicidas, sustancias que actúan directamente sobre los vegetales. Algunos son altamente tóxicos y, tras desempeñar su función, no se degradan con facilidad, permaneciendo en el suelo hasta que son lavados por el agua de riego o de la lluvia, ignorando cual será su destino definitivo.

Por otro lado figuran los plaguicidas, sustancias fabricadas en laboratorio y que, en la mayoría de los casos, no distinguen entre las distintas formas de vida que puedan entrar en contacto directo o indirecto con ellas.

Por estos motivos, es conocido que cualquier hortaliza o fruto debe ser lavado antes de su consumo, resultando incluso aconsejable eliminar la piel de algunos, porque es posible que en la misma hayan quedado acumuladas parte de estas sustancias.

Ahora bien, si decide cultivar los productos hortícolas que posteriormente va a consumir, mediante un sistema natural y equilibrado, debe tener en consideración el modo de controlar las plagas y "malas hierbas".

Generalmente, en el entorno de la horticultura, los productos químicos ofrecen un alto grado de efectividad y, en consecuencia, son los que mayor presencia tienen en el mercado. Para sustituirlos eficazmente, encontrará en este libro una amplia gama de posibilidades obteniendo, de este modo, la recompensa de disfrutar de unos alimentos de enorme calidad y, al mismo tiempo, con la completa seguridad de que están exentos de sustancias perjudiciales.

Los abonos y los fertilizantes

Con el uso de fertilizantes adecuados, la calidad de la cosecha aumenta considerablemente.

Con el paso del tiempo, las plantas cultivadas sobre el suelo del huerto, caracterizadas por ser especies de alta producción y gran rendimiento, consumen con enorme rapidez los nutrientes que se encuentran incorporados al sustrato. Si estos elementos nutritivos no son regenerados periódi-

camente, la cosecha acaba viniéndose abajo.

Estos nutrientes pueden ser tanto orgánicos como inorgánicos. Todos se mezclan enriqueciendo y participando en la creación del suelo, constituyendo en función de sus componentes las proporciones y el grado de riqueza del mismo.

Es destacable la importancia de unos elementos sobre otros, determinada por las referencias propias de los vegetales. De este modo, el nitrógeno, el fósforo y el potasio, son los tres elementos imprescindibles para el desarrollo de cualquier planta. Independientemente, existen otros que influyen de forma particular en

El estiércol de caballo puede ser empleado tanto en el abonado directo como en la construcción de camas calientes.

El estiércol de oveja es el más apropiado para el cultivo de hortalizas, ya que posee una equilibrada proporción de nutrientes.

el crecimiento de ciertas especies. Así, por ejemplo, el boro es necesario para las hortalizas de raíz, el magnesio es importante para el maíz dulce, la avena y la patata, y el molibdeno en todo el grupo de las coles.

Reduciendo la presencia de estos nutrientes, figuran dos factores de vital importancia. El principal es el consumo directo que hacen las plantas, al que hay que añadir la acción indirecta que produce el agua. La mayoría de estos minerales son solubles y, en regiones donde la lluvia es una constante a lo largo del año, se produce una pérdida considerable por el arrastre provocado al diluirse con el agua, llegando incluso a denominarlos suelos lavados.

Estos suelos se agotan con mayor rapidez, salvo que se tomen las medidas oportunas, como el acolchado o el abonado regular. Por este motivo, es imprescindible mejorar periódicamente el sustrato, incorporando de forma artificial una cantidad proporcionada de estos elementos, abundantes en el estiércol, compost o cualquier otro tipo de abono.

EL ESTIÉRCOL ANIMAL

Es el recurso más empleado en horticultura para la obtención de abonos, situación debida, sin lugar a dudas, a la gran cantidad de elementos nutritivos que posee en su composición.

Este material suele estar compuesto por la mezcla de las deyecciones sólidas y líquidas que producen los animales, junto con restos de paja procedentes del interior del establo.

En relación al estiércol sólido, es necesario tomar en consideración una serie de datos a fin de sacarle mayor partido. Como apunte más importante, no conviene que sea aplicado fresco; como mínimo ha de estar seco para emplearlo. Con objeto de conseguir tal propósito, realice una mezcla a base de paja y tierra. No es recomendable que se seque al sol ya que podría perder los compuestos nitrogenados que posee, principalmente el amoniaco.

A la hora de incorporarlo al suelo, ha de tener en cuenta el tipo de sustrato que existe en su huerto. Si es arcilloso, no hay problema, puede añadirlo de una vez. No ocurre lo mismo en suelos calcáreos o are-

Las cenizas distribuidas directamente sobre el suelo, se integran al sustrato rápidamente con el agua de riego o lluvia.

Las algas marinas, debido al alto contenido de proteinas y minerales que poseen, constituyen un abono de gran valor.

nosos, donde debe proporcionarlo poco a poco y de forma continuada, con el fin de que sea contrarrestada la mayor pérdida de nitrógeno por descomposición en los calcáreos, o por lavado en los arenosos.

Otro dato a sopesar es la distinta calidad del estiércol, dependiendo del animal que lo produzca. El que mayor cantidad posee en nitrógeno, fósforo y potasio es el de caballo. Se mezcla con relativa faci-

lidad, aunque el defecto en azufre y magnesio le coloca en calidad por detrás del estiércol de oveja o cabra, el más equilibrado y aconsejable para el cultivo de hortalizas. Su degradación es más lenta que en el caso anterior y se distribuye en el suelo con suma comodidad.

Por último, figura el estiércol de vaca, con un alto contenido en agua, que requiere un proceso de preparación previo a su empleo, principalmente el secado

El cultivo del Trébol, proporciona nitrógeno al bancal donde ha sido plantado.

y la trituración.

En el caso del estiércol líquido, también conocido como "lisier", su importancia estriba en la facilidad con la que se incorpora al suelo. Gracias a la gran cantidad de amoniaco que posee el orín de los animales, si se combina con serrín o paja desmenuzada, se obtiene un fertilizante de acción rápida, muy útil para aplicar en el momento que las hortalizas comienzan a madurar sus productos, siempre y cuando lo necesiten.

ELEMENTOS ADICIONALES PARA MEJORAR EL ABONADO

Existen buen número de elementos extraídos del reciclado de distintos tipos de materia orgánica e inorgánica, empleados en mejorar y completar las cualidades del sustrato, ya sea directamente sobre la superficie, como ocurre en el caso de las algas no calcáreas (gelatinosas al tacto), o a través del compost, como por ejemplo las harinas de hueso, pezuña y asta, las rocas y las algas calcáreas (duras al tacto y con aspecto de roca), o las cenizas de madera.

Todos estos elementos contribuyen a corregir en mayor o menor grado (según los componentes que son capaces de aportar al suelo una vez incorporados al mismo) las deficiencias que pueden producirse en el desarrollo de las hortalizas a causa de su escasez.

Así pues, las algas son empleadas por tratarse de un material que corrige el pH del suelo, aumentando la actividad de las bacterias y aportando gran cantidad de nutrientes, entre los que destacan el nitrógeno, el fósforo, el potasio, el sodio, el magnesio, el zinc, el hierro y el cobre.

La recolección ha de realizarse a partir de los montones acumulados en la playa, tras el temporal. Las algas rojas (no calcáreas) y las pardas son las que

Toda la gran cantidad de césped extraido del jardín puede ser utilizada como abono verde.

Cuadro de especies aptas para abono verde

Nombre latín	Nombre	Familia	Resiste el frío
Helianthus annuus	Girasol	Compuestas	No
Lupinus albus	Altramuz blanco	Leguminosas	Si
Lupinus angustifolius	Altramuz azul	Leguminosas	Si
Medicago sativa	Alfalfa	Leguminosas	Si
Melilotus officinalis	Mieliloto amarillo	Leguminosas	Si
Rhaphanus raphanistrum	Rábano forrajero	Crucíferas	Si
Sinapsis alba	Mostaza blanca	Crucíferas	No
Symphytum officinale	Consuelda	Boraginaceas	Si
Trifolium incarnatum	Trébol rojo	Leguminosas	No
Trifolium pratense	Trébol violeta	Leguminosas	Si
Trifolium repens	Trébol blanco	Leguminosas	No
Vicia villosa	Veza	Leguminosas	Si

poseen mejores cualidades. Es conveniente incorporarlas frescas y, a ser posible, después de que la lluvia las haya lavado. Se distribuyen directamente sobre el suelo, mezcladas con una pequeña proporción de estiércol, y tras el arado quedan incorporadas al sustrato. No conviene que repita este tipo de abonado todos los años. Es aconsejable que lo alterne con compost o estiércol, aportándolo cada dos temporadas.

Las algas calcáreas trituradas, que puede obtener en tiendas especializadas o recolectarlas usted mismo en la costa, ofrecen un aporte adicional de calcio y fósforo, al igual que el polvo de roca caliza (si bien las dolomías, un tipo especial de roca caliza, lo completan con magnesio). Ambos elementos son correctores de excesiva acidez en el terreno, aunque normalmente su uso queda restringido a la incorporación en el compost fabricado por el horticultor.

Otros ingredientes como las harinas de hueso, pezuña y asta (que puede fabricar en casa o adquirir en comercios del ramo), que poseen una buena proporción de nitrógeno y fósforo, o las cenizas de madera, cuyo componente más importante es el potasio, también quedan relegados a su aprovechamiento a través del compost, debido a que contienen una alta concentración en estos nutrientes y no es preciso emplearlos en grandes cantidades.

MATERIA VEGETAL SIN DESCOMPONER. EL ABONO VERDE

El abono verde está constituido por el conjunto de especies vegetales de rápido crecimiento, cultivadas por el horticultor para aplicar fresco sobre los cultivos que requieren abonado, con objeto de aumentar la fertilidad del terreno. Está considerado como una de las alternativas más ventajosas de fertilizar y proteger el terreno.

Todas estas plantas presentan una velocidad de desarrollo muy rápida y están capacitadas para absorber los nutrientes del suelo en poco tiempo, no dejando que se pierdan por acción de la lluvia. En consecuencia, al incorporarlas al terreno como abono lo enriquecen, devolviendo en cantidades elevadas las

La Alfalfa es una leguminosa muy recomendable para el abono verde. Además, gracias a sus raíces, es capaz de nutrir y airear la capa superficial del suelo.

Las recetas

"Quick return"

Ingredientes del activador

Hojas y tallos Urtica dioica (Ortiga).

Flores Achillca millefolium (Milenrama), Matricaria chamomilla (Manzanilla).

Raíz y rizoma Taraxacum officinale (Diente de león), Valeriana officinalis (Valeriana).

Corteza de roble, miel pura, y una lámina del alga marina Ulva lactuca (Lechuga de mar).

En primer lugar, hay que dejar secar las plantas. Una vez efectuado, se trituran y mezclan con el resto de componentes, hasta conseguir un polvo fino.

La aplicación se lleva a cabo con el activador diluido en un litro de agua de lluvia, al que se añade 2 kg de rocas en polvo, 500 g de harina de cuernos, 1 kg de algas calcáreas trituradas, paja y tierra. Toda esta mezcla se distribuye en capas de 20 cm de espesor sobre el material vegetal. Cubra la última capa con arcilla y paja. Mantenga húmedo y ventilado el conjunto. Al cabo de un par de meses, el compost estará listo.

Levadura de cerveza

Ingredientes

500 g de levadura fresca de cerveza

1 l de agua

200 g de azúcar

Mezcle 500 g de levadura en 1 l de agua, dividiendo la disolución en tres partes. Cada una de ellas ha de volver a diluirse en 10 l de agua, añadiendo cada vez una cucharada sopera de azúcar. Cuando la levadura comience a actuar, rocíe la primera capa de materia vegetal y arcilla preparada con anterioridad, cubriendo todo con abono verde. Repita la operación otras dos veces. La última capa ha de ser de arcilla y paja. Debe mantener la mezcla húmeda, pero protegida de las lluvias. Voltee la mezcla cada cinco días hasta que quede homogénea. Dependiendo de las condiciones ambientales, tardará más o menos en formarse.

sustancias nutritivas previamente absorbidas.

Este tipo de abono es empleado por el enorme beneficio que reporta al suelo del huerto, no sólo debido al suministro de nutrientes que recibe, sino porque, además, representa un eficaz material de acolchado, así como un sistema de protección muy favorable contra la erosión de los bancales que han quedado despoblados tras la cosecha.

Para que esto se produzca de la mejor manera, es necesario que su cultivo se realice en el momento justo, aplicando las técnicas apropiadas. Las principales son el arado del suelo antes de realizar la siembra y la distribución de las semillas de forma directa y a voleo.

Respecto al riego, ha de ser regular en verano para favorecer el rápido crecimiento, y reducido durante el invierno, ya que interesa que su desarrollo sea más lento, a fin de mantener el suelo protegido.

Llegado el momento de la recolección, es preciso realizar el arado para levantar las raíces en el caso de las leguminosas. En el resto de especies, si sólo quiere emplear tallos y hojas, recoléctelas simplemente con la ayuda de una hoz.

La aplicación del abono verde sobre el terreno puede llevarse a cabo de formas diferentes. La más común es la que se realiza directamente antes de practicar el arado. También es posible incorporarlo sobre los bancales ya cultivados y en pleno período de crecimiento, o como parte constituyente del compost fabricado en las cubetas. En el caso concreto del abono verde procedente de leguminosas, las hortalizas deben distribuirse en el mismo lugar donde crecieron estas plantas.

Resulta conveniente enumerar las principales especies que permiten ser empleadas como abono verde, tomando siempre como punto de partida los requerimientos ambientales y características de cada una, así como el aporte que ofrecen.

Los nutrientes que aportan tras ser degradadas son, principalmente, el nitrógeno, muy abundante en las raíces de las leguminosas, como por ejemplo Medicago sativa (Alfalfa) o Trifolium sp. (Trébol). En tallos y hojas, el fósforo y el potasio son los elementos que alcanzan mayores proporciones, como Sinapsis alba (Mostaza

La fabricación de compost intenta sustituir el proceso natural de humificación de la materia vegetal.

Todos los productos de desecho que se producen en la huerta permiten ser empleados en las cubetas de compost.

blanca) o Melilotus officinalis (Mieliloto amarillo).

Por ejemplo, en situaciones de bajas temperaturas o inviernos fríos con alto riesgo de heladas, es preciso plantar ejemplares resistentes a estas condiciones, como son, Trifolium pratense (Trébol violeta), Sinapsis alba (Mostaza blanca), o Vicia villosa (Veza).

En caso contrario, en ambientes cáli-

dos y benignos, o durante la estación de verano en las regiones frías, es preferible instalar ejemplares de rápido crecimiento o resistentes a la sequedad, como es el caso de Helianthus annuus (Girasol), Trifolium incarnatum (Trébol rojo), Medicago sativa (Alfalfa) o Lupinus angustifolius (Altramuz).

En cuanto al tipo de suelo disponible, si fuese calizo, debe sembrar Lupinus

albus (Altramuz blanco), o Melilotus officinalis (Mieliloto amarillo). Sobre suelos ácidos, Trifolium repens (Trébol blanco) o
Medicago sativa (Alfalfa), resultan las
opciones más recomendables.

La mayoría son especies anuales, que
no permanecen más de una temporada
sobre el sustrato. Sin embargo, si dispone
del espacio suficiente, puede optar por el
cultivo continuado de este tipo de plantas, sustituyendo las hortalizas de cada
bancal tras concluir la cosecha o, por el
contrario, manteniéndolas en el mismo
lugar todo el año. El caso más representativo lo proporciona Symphytum officinale
(Consuelda), perenne muy útil en la fabricación de compost o como material de
acolchado.

Además de todas estas especies cultivadas específicamente para abonar, es
posible aprovechar la gran cantidad de
material que se produce en las praderas
de césped presentes en los jardines exte-
riores. Si no ha empleado ningún tipo de
sustancia química en el abonado del
mismo, ni herbicidas contra las hierbas
adventicias, cada vez que siegue la pradera, tendrá a su disposición abundante
materia vegetal verde. Las especies más
productivas son Lolium perenne (Ray
grass) o Lolium multiflorum (Ray grass ita-
liano), en combinación siempre con cualquier tipo de Trébol.

Las frutas maduras y estropeadas suponen un aporte de nutrientes adicional para el compost casero.

EL COMPOST:
LA MATERIA ORGÁNICA RECICLADA

En la naturaleza, la materia orgánica
procedente de los organismos vivos que
habitan en una determinada zona, acumulada sobre la superficie del suelo, expe-
rimenta tras ser depositada un lento proceso de degradación, que transforma y
convierte sus componentes en nutrientes
aprovechables por las raíces de las plantas.

En primer término se produce un proceso de fermentación rápido, aumentando la temperatura hasta casi los 60°C,
y con posterioridad un largo período de
transformación a temperatura ambiente,
que progresivamente crea una masa
homogénea de materiales descompues-
tos, denominados humus.

Este fenómeno puede durar años
cuando las condiciones ambientales no
son las apropiadas. En su formación

influye el grosor de la capa formada por
los restos vegetales y animales, el grado
de compactación, la humedad, la temperatura, y la variedad y cantidad de
microorganismos que intervienen.

No obstante, es posible acelerar el
proceso mediante el control y mantenimiento de unas condiciones constantes
de humedad y temperatura, cuyo fin no
es otro que favorecer la proliferación y actividad de los microorganismos descom-
ponedores de materia orgánica.

La necesidad que tienen las hortalizas de disponer del suficiente alimento en la época de floración y fructificación, la colma el compost.

La forma de efectuarlo es sencilla. En primer lugar, debe disponer de un lugar donde pueda acumular y procesar todos los materiales, existiendo varias posibilidades para efectuarlo.

Las cubetas de compost de pequeño tamaño son las más empleadas, aunque si cuenta con suficiente espacio en la huerta, puede optar por amontonarlo en el exterior, que resulta el método más productivo. Este caso concreto presenta el pequeño problema de que la capa superficial se encuentra al aire libre, siendo preciso protegerla de la desecación y el enfriamiento. A tal efecto, debe cubrirla con una capa de tierra o arcilla de unos 5 cm de grosor y otra, a continuación, de ramas.

En terminos generales, las cubetas de compost son las más usadas dentro de la horticultura a pequeña escala. En el mercado existen bidones de plástico concebidos para aumentar la velocidad de producción de compost, e incluso activadores que la potencian aún más.

No obstante, si dispone de un poco de tiempo, puede fabricar usted mismo la cubeta, ayudándose de materiales convencionales de construcción como ladrillos, piedra, madera o mallas metálicas.

En el caso de las cubetas de ladrillo o piedra, conviene que instale dos. Una de ellas dedicada a fabricar el compost, y otra donde acumular estiércol para su empleo en la formación de la distintas capas.

Es aconsejable que una de las paredes esté fabricada con tablones de madera que actuen a modo de trampilla, a fin de extraer el producto final cómodamente. El resto ha de poseer varias oquedades de ventilación; aproveche los huecos de los ladrillos colocándolos transversalmente en varios puntos de las paredes.

Por otro lado, se encuentran las jaúlas construidas con malla metálica, que permiten ser empleadas de manera eventual, según los requerimientos del horticultor. Su instala-

Al final de todo el proceso de formación del compost, es posible obtener una mezcla homogénea para distribuir sobre los bancales.

Las hortalizas de raíz son uno de los grupos que precisan mayor demanda de abono.

ción es sencilla y rápida, ya que sólo necesita cuatro pilares resistentes y un poco de alambre para cerrar la jaula.

Por último, tiene la posibilidad de fabricar el compost en una fosa excavada sobre el terreno, en cuyo caso necesita un mecanismo de ventilación que evite el aumento descontrolado de la temperatura. Para conseguirlo, basta con instalar en su interior varias tiras de malla metálica enrolladas alrededor de piquetas de hierro, distribuidas homogéneamente en el fondo del agujero. Cabe señalar que la profundidad de esta cubeta no puede exceder los 75 cm de altura, y todo el conjunto debe estar cubierto por una capa de tierra y ramas, que evitará la pérdida de calor y la desecación.

Una vez cuente con el lugar donde preparar la mezcla, ha de establecer la forma de distribuir los diferentes componentes. El modo de realizarla varía en función de los materiales empleados y del tipo de humus que quiera elaborar.

Con objeto de conseguir un producto final lo más homogéneo posible, triture todo el material antes de incorporarlo y realice un volteo de la mezcla, trasladando al interior del montón las partes externas menos transformadas, aunque si dispone de suficiente cantidad, evite esta operación y aproveche el desechado para emplearlo la próxima temporada.

Así pues, el compost formado exclusivamente por materia vegetal, como el obtenido a partir del aprovechamiento de toda la maleza que crece en los límites, principalmente, tallos de zarzas y cardos, o de todas las ramas y hojarasca que se produce en la limpieza del jardín, ha de sufrir un proceso de maceración en cubetas de agua, previo al almacenaje. Transcurridas unas 48 horas en estas condiciones, puede proceder a preparar los estratos.

Disponga una primera capa de materia vegetal de aproximadamente 20 cm de grosor y bien comprimida. Si quiere aumentar la velocidad de degradación, macháquela tras ser extraída de las cubetas de agua. A continuación, cúbralo con una fina capa de arcilla, repitiendo la operación hasta una altura no superior a 1,5 m. La utilización de carbón vegetal en la mezcla aumenta la calidad del compost. Tenga cuidado con emplear hojas de pino o eucalipto, ya que su acidez y lento proceso de descomposición no resulta nada beneficioso.

Transcurridos tres meses en constante humedad mediante riegos periódicos, debe voltear la mezcla, y esperar a que termine de desmenuzarse y convertirse en una masa homogénea.

La otra posibilidad, y la más empleada por la variedad de nutrientes y riqueza que alcanza, consiste en combinar en la cubeta los tres tipos de materia que, en la naturaleza, componen el suelo: la mineral, con el aporte de arcilla y polvo de roca, la vegetal, con los restos de las hortalizas recolectadas, la hojarasca, ceniza y demás desperdicios y, por último, la animal, mediante el empleo de estiércol y harina de hueso y asta. Todos estos elementos se mezclan en estratos de grosor variable, permaneciendo un mínimo de tres meses o un máximo de cinco antes de ser utilizados.

En caso de que se produjeran errores en la construcción del montón de compost o retrasos en la transformación de la materia, es preciso corregirlos adecuadamente.

Si durante el transcurso de los primeros días no se ha elevado la temperatura de la mezcla, puede ser causado por varios motivos. Un exceso o defecto de agua ha de ser compensado inmediatamente, ventilando el montón y añadiendo material seco, o regando, según convenga. También puede motivarlo la falta de nitrógeno, ya sea por la deficiente proporción de estiércol o por el exceso de paja o serrín, en cuyo caso, la mezcla debe ser realizada de nuevo, aumentando siempre la cantidad de estiércol. Emplee orín o material fresco.

Si el compost desprendiese olor a amoniaco, seguramente esté provocado por exceso de nitrógeno, con lo que tendrá que añadir paja o serrín.

Para acelerar el proceso, es posible emplear activadores fabricados por usted mismo, del tipo "Quick return" o una mezcla de levadura de cerveza. Los elementos que intervienen en su preparación puede adquirirlos en tiendas especializadas aunque, si tiene ocasión, puede recolectar en el campo las plantas utilizadas, puesto que no son difíciles de encontrar.

Las jaulas de malla metálica son de gran utilidad por su provisionalidad y facilidad de construcción.

Las cubetas de ladrillo y madera mantienen aislada la mezcla de las inclemencias del tiempo.

En el suelo también es posible fabricar compost, teniendo la precaución de que el interior de la zanja esté bien ventilado.

El riego

Sin agua no hay vida. Esta frase puede aplicarse a cualquier ser vivo y, aunque algunas plantas han logrado adaptarse a condiciones extremas de falta de agua, en el caso de las hortalizas, para conseguir una buena cosecha este elemento no puede faltar en ninguna de las etapas de su desarrollo.

Las condiciones climáticas tienen mucho que ver con la disponibilidad del agua que las hortalizas van a demandar, bien sea por exceso o por defecto.

En ambientes húmedos no suele existir ningún problema por la falta de agua y el mayor inconveniente aparece por lo contrario, el exceso.

Si el terreno se encuentra en una depresión o no dispone de un buen sistema de drenaje, la acumulación desproporcionada de agua provoca desequilibrios e importantes perjuicios a las hortalizas.

El modo de realizar un sistema de drenaje para el huerto, es el mismo que en cualquier otro tipo de superficie. Como primera medida, es imprescindible determinar la situación que provoca la acumulación de agua. Después, tiene que encontrar una zona a través de la que pueda ser liberada y, finalmente, establecer cómo van a estar diseñados y construidos los canales de drenaje.

Antes de iniciar el arado del suelo, debe instalar los canales, seleccionando siempre el lugar más hundido para situar el colector principal, que comunicará al huerto con el exterior. Pueden estar ubicados en zanjas inclinadas en la dirección de salida y por encima de la misma. Para permitir que el agua circule sin dificultad, cuenta con dos posibilidades: la colocación de cañerías perforadas, o la distribución de una capa de grava en el fondo de las zanjas. Mediante estas medidas, el encharcamiento dejará de suponer un problema.

En ambientes con menos abundancia de agua, en los cuales su escasez puede resultar un factor limitante, a fin de evitar desajustes en el desarrollo de las hortalizas, el horticultor ha de prestar mucha atención a las labores de riego.

El agua empleada puede tener diferentes orígenes. El más común es el que procede de la red, aunque presenta un pequeño inconveniente debido a la existencia de distintos productos empleados en su depuración.

Esta no es la única fuente a la que tiene acceso, existiendo también otras procedentes de aguas subterráneas, extraíbles a través de pozos, de aguas superficiales, que traen los ríos y, por último, la proporcionada por la lluvia, permitiendo su almacenaje en tanques. Los dos primeros orígenes son los más aconsejables, siempre y cuando no estén contaminados, ya que contienen gran cantidad de sales minerales disueltas. Para su

A fin de obtener un buen resultado final, la superficie cultivada debe permanecer con alto nivel de humedad durante las primeras etapas de desarrollo.

aprovechamiento, es preciso emplear motores de extracción, bombas manuales, o desvíos momentáneos de parte del caudal del curso de los ríos.

Por otra parte, la que proporciona la lluvia se encuentra en estado puro, siendo agua destilada por el sol. Su utilización es común en regiones donde las lluvias son escasas y torrenciales.

SISTEMAS DE RIEGO

Los sistemas de riego más comunes empleados para realizar el suministro de agua en el huerto son cuatro. A través de terrazas, para terrenos muy inclinados, mediante surcos, en los casos en que la superficie tiene una ligera inclinación, el riego por aspersión, especialmente indicado en huertos totalmente horizontales, y el riego por goteo, el más rentable y cómodo de realizar, muy útil en regiones más secas.

En aquellas situaciones en que la inclinación del suelo es muy pronunciada, y la distribución del agua de riego supone un problema considerable, es necesario realizar una roturación del terreno escalonada, construyendo varias terrazas sobre las que dis-

poner una superficie de cultivo horizontal. De este modo, al regar, el agua empapa de forma homogénea y uniforme todo el suelo cultivado.

A fin de evitar el desbordamiento, es preciso crear un pequeño relieve a lo largo del margen exterior de la terraza, colocando en cada uno de los extremos un canal por el cual pueda discurrir el

agua hasta alcanzar la terraza inferior.

El modo de llevarlo a cabo es situando la manguera en el extremo opuesto al canal. Cuando esté toda la superficie encharcada, con la ayuda de un azadón retire la tierra que tapona el canal, dejando que el agua corra y cubra la siguiente terraza. Es recomendable que plante las hortalizas con mayores requerimientos hídricos en la terraza más

En épocas calurosas, los frutales, pese a su condición de plantas perennes, requieren riegos regulares.

El riego mediante el sistema de surcos comunicados, facilita el trabajo del hortelano.

Cuando la superficie de cultivo es uniforme y las plantas cultivadas demandan un ambiente húmedo, la mejor opción pasa por el riego con aspersores.

alta, y las que necesiten menos, en la inferior.

Cuando la inclinación del terreno es excesiva, existe el inconveniente de que puedan desmoronarse las terrazas. Para solventarlo, fabrique una especie de muro de contención con piedras, o troncos de madera.

Si el suelo estuviese sólo ligeramente inclinado, y no es precisa la distribución escalonada del huerto, la implantación de surcos representa la mejor opción. Este método supone la forma más cómoda de realizar el riego, ya que sólo tendrá que prepararlos con el suficiente grosor y altura para que el agua no los traspase. Deben estar comunicados a través de un canal continuo que los rodee, creándose un recorrido en zigzag a lo largo de todo el bancal.

En el momento de regar, coloque la manguera en el extremo más alto, justo al lado de donde comienza el primer surco, y el propio caudal de agua creará una corriente que, progresivamente, irá cubriendo todo el bancal. Si tuviese que ampliar la zona de riego a un bancal próximo, ayúdese con un azadón para romper por un extremo el último surco; de este modo, el agua continuará circulando sin ninguna dificultad.

En las zonas que no hay desniveles o existen problemas para que el agua discurra, dispone de dos opciones contrapuestas, diferenciadas principalmente por el gasto de agua.

El riego por aspersión, que desaprovecha gran cantidad de agua, ofrece la ventaja de crear un ambiente fresco, además de limpiar de polvo las hojas y frutos. Sólo existe el riesgo de dañar las hortalizas si no se pone cuidado con el manejo de la manguera. Es recomendable que los aspersores estén regulados,

En ambientes cálidos y secos el riego por goteo supone el método más rentable de proporcionar agua a las hortalizas.

a fin de que con el menor desplazamiento sea posible regar el máximo de superficie.

La otra posibilidad es el riego por goteo, algo más complicado de instalar, pero que ofrece grandes ventajas, como el gasto mínimo de agua, ya que el gotero permite realizar un riego controlado y directo a pie de mata, resultando muy útil en climas secos. También reduce la presencia de plantas competidoras puesto que, al no existir humedad en la superficie no cultivada, las semillas tienen dificultad en germinar y las hierbas de desarrollarse con rapidez. Sólo requiere abrir una llave de paso para regar todo el huerto, sin necesidad de realizar ningún otro esfuerzo.

Con objeto de no tener problemas en la distribución de las mangueras y la colocación de los goteros, prepare una cañería que recorra toda la longitud del bancal, con tantas derivaciones como líneas de plantas pueda cultivar. Han de ir perpendiculares a dicha cañería, a fin de que

En superficies que corran riesgo de encharcamiento, es imprescindible instalar sistemas de drenaje que evacuen rápidamente el agua acumulada.

las mangueras puedan alinearse sobre las mismas y no interfieran en las labores superficiales del terreno y la recolección de la cosecha.

Es necesario retirar y proteger los tramos de manguera que no son empleados para evitar el efecto del hielo. Así mismo, conviene cerrar con un trozo de tela cada extremo, para que ningún

insecto pueda introducirse en su interior, ya que podría producir taponamientos en los goteros, difíciles de solventar.

Finalmente, cabe mencionar la instalación del riego automático para los sistemas de aspersión y goteo, sólo recomendable en grandes superficies, en las que el riego convencional resulta complicado de realizar.

El agua también puede provocar problemas si se utiliza en exceso, especialmente en frutos delicados.

Deficiencias

Existen gran número de deformaciones y problemas en las hortalizas que no pueden atribuirse a ningún organismo vivo, ya que son deficiencias provocadas por las limitaciones propias del suelo, el clima o las técnicas de cultivo.

Para determinar el origen exacto de algunas de ellas, es necesario sufrir varios años el mismo problema, a fin de llegar a asociarlo y, de este modo, corregirlo.

Por ejemplo, la presencia-ausencia de ciertos componentes del sustrato, como es el nitrógeno o el boro, podría ser establecida si dispone de un costoso aparato de análisis químico de suelos. La otra posibilidad de conocerla es la que proporciona la experiencia, por el método tradicional, es decir, una vez que el síntoma aparece sobre las hortalizas, a continuación es posible diagnosticar el origen del problema. Así, antes de iniciar la próxima temporada el cultivo, tendrá la posibilidad de corregirlo. La elección del abono idóneo, resulta primordial para alcanzar este propósito.

PROBLEMAS CAUSADOS POR LA FALTA DE ELEMENTOS NUTRITIVOS

A continuación figura una relación de síntomas presentes en las hortalizas y el elemento que por defecto las produce. No obstante, estos síntomas no son exclusivos de dichas carencias, pudiendo venir producidos por otros motivos.

Clorosis (decoloración) uniforme en la planta afectada. Es el síntoma más representativo de la falta de azufre.

Tratamiento. Sulfato amónico.

Necrosis gomosa (muerte de células) y descomposición de la raíz. Frecuente en el nabo, el colinabo y en las zanahorias. Las raíces oscurecen su color, apareciendo deformaciones e irregularidades. En el caso de la remolacha de mesa, provoca el llamado "corazón negro", además de unas llamativas grietas circulares en la raíz. Producido por la falta de boro.

Tratamiento. Añada al sustrato antes de comenzar las labores de arado algas y rocas calcáreas trituradas. También encontrará un producto denominado borax, de venta en tiendas especializadas.

El crecimiento se detiene, tanto en tallos como en raíces. Provocado por la falta de calcio, suele ser común en suelos ácidos, sin una buena proporción de carbonato cálcico en su composición. Todo el grupo de las coles es especialmente sensible a esta carencia.

Tratamiento. Algas calcáreas y rocas calizas.

Las hojas más viejas adquieren tonalidades púrpura. La planta al completo toma un color más oscuro que de costumbre y su desarrollo no es normal. Las plántulas son las que a menudo sufren el defecto de fósforo.

Tratamiento. Estiércol y harinas de hueso y asta.

Las deficiencias provocan una reducción del crecimiento y desarrollo de las plantas, situación que debe evitarse a fin de obtener una buena cosecha.

Algunas hojas viejas pierden su verdor e incluso presentan manchas blanquecinas. El maíz dulce y la patata son las hortalizas más vulnerables ante la deficiencia en magnesio. Su exceso provoca trastornos en la absorción de calcio, con lo que el crecimiento se ve muy afectado.

Tratamiento. Algas marinas y cenizas de madera.

Las hojas se arrugan en exceso y las pellas no se compactan adecuadamente. Las crucíferas son las principales plantas afectadas por la falta de molibdeno; en concreto, todo el grupo de las coles.

Tratamiento. Algas marinas y abono verde. Tiene la posibilidad de emplear molibdato de sodio, de venta en establecimientos especializados.

Deterioro en la coloración de las hojas, que amarillean en toda su superficie o sólo en la nervadura. Es común en terrenos que no han sido abonados con productos de origen animal, especialmente el estiércol, o que no fueron cultivados anteriormente con leguminosas. Esta situación viene provocada por la falta de nitrógeno.

La pérdida del color verde en las hojas puede estar motivada por multitud de factores. El origen se determina descartando las distintas posibilidades.

Tratamiento. Compost, estiércol o abono verde, especialmente de leguminosas.

La punta de las hojas se seca sin explicación alguna, y los tallos tienden a ser más gruesos y acortarse. La escasez de potasio motiva estos síntomas. El maíz dulce es uno de los cultivos que con mayor frecuencia lo padecen.

Tratamiento. Abono verde, cenizas de madera o roca granítica pulverizada.

Las malas condiciones de cultivo provocan desajustes en las hortalizas.

Si no se recolecta a tiempo, la subida de la flor lleva asociada la pérdida de calidad en la cosecha.

Existen casos excepcionales en que en condiciones precarias de cultivo se consiguen buenos resultados.

PROBLEMAS CAUSADOS POR EL CLIMA

La influencia del clima resulta definitiva en la calidad y cantidad de la cosecha, especialmente en regiones donde existen marcadas irregularidades entre estaciones.

Ahuecado de las raíces. Se presenta en el rábano cuando la planta ha estado sometida a heladas. En algunos casos, la irregularidad en el riego también provoca el mismo síntoma.

Tratamiento. Seleccione un lugar protegido si existe riesgo de heladas, y controle la frecuencia de riego.

Enverdecimiento de tallos, raíces y tubérculos. Asociado a este síntoma, figura el amargor del sabor y, normalmente, afecta al cuello de las hortalizas de raíz y las patatas. Está relacionado con la exposición directa al sol de hortalizas que deberían permanecer enterradas. Suele producirse durante las últimas etapas de desarrollo o por no haber efectuado el aporcado convenientemente.

Tratamiento. Realice el aporcado un par de semanas antes de recolectar.

Subida de la flor. Afecta a varias especies, aunque las zanahorias y las lechugas son las principales ya que, una vez que florece la planta, las hojas y la raíz se hacen incomestibles y adquieren un sabor demasiado amargo. Viene provocado por el intenso calor durante las primeras etapas de crecimiento.

Tratamiento. Procure mantener la época optima de cultivo de cada hortaliza, e intente buscar el momento y lugar idóneo para su desarrollo.

Tubérculos en cadena. Suele incidir sobre las plantas de patata que han sido plantadas más tarde de lo común. Aparecen numerosos tubérculos de pequeño tamaño, viéndose perjudicada la producción.

Tratamiento. No inicie el cultivo fuera del período aconsejable.

PROBLEMAS CAUSADOS POR LA TEXTURA DEL SUELO

Cuando no se realiza una labor adecuado en el suelo o la textura del mismo no resulta la más idónea, es posible que las hortalizas de raíz presenten malformaciones.

Raíces bifurcadas. Aparecen cuando el suelo de cultivo es pedregoso o está

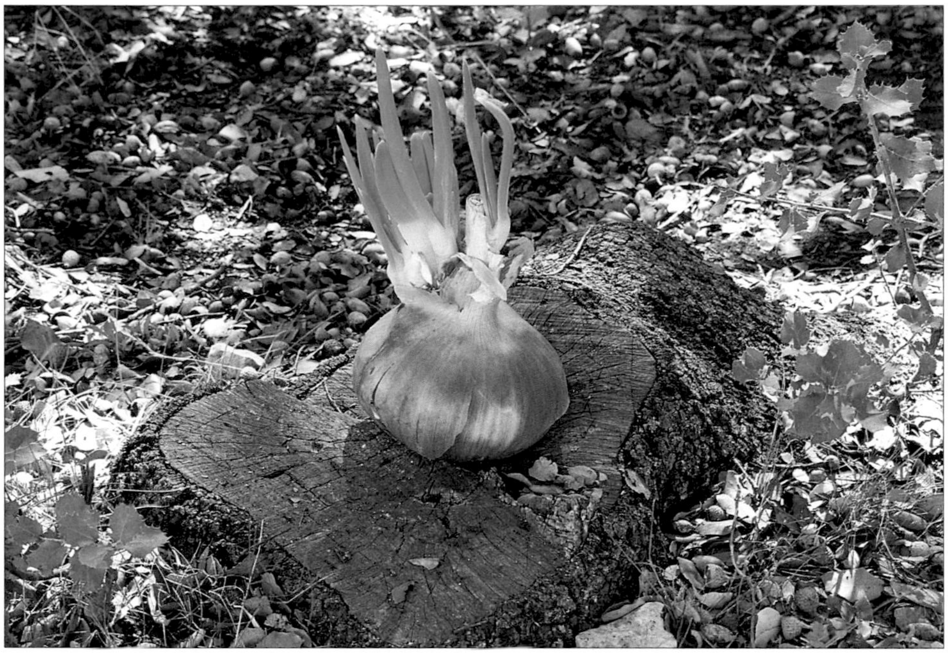

Las bulbosas han de mantenerse en buen estado de conservación ya que, de lo contrario, rebrotan perdiendo gran cantidad de nutrientes.

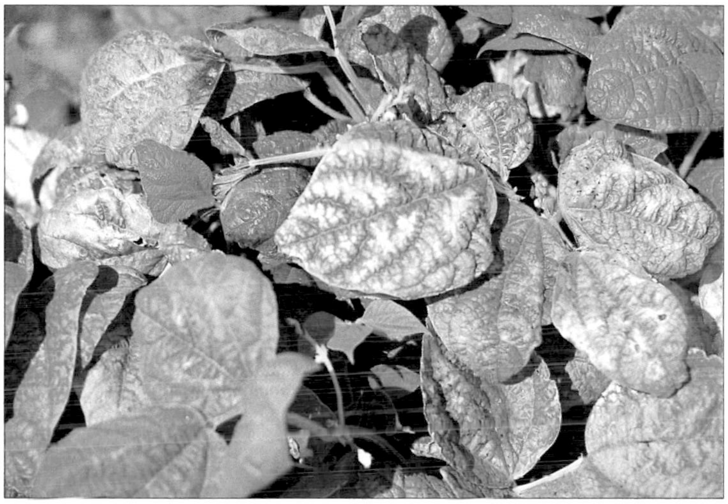

Las inclemencias climáticas producen daños en las hojas y tallos de las hortalizas.

mal arado. Las raíces no crecen adecuadamente y se deforman. Las hortalizas más afectadas son la zanahoria y el rábano.

Tratamiento. Realice un buen arado y retire todas las piedras que encuentre.

Tubérculos ramificados. Lo sufren las plantas de patata que no han sido plantadas y cultivadas de manera idónea. El suelo pedregoso y los riegos irregulares, son los principales causantes de este mal.

Tratamiento. Libere el suelo de piedras, efectúe un arado profundo y mantenga un sistema de riego más regular.

PROBLEMAS CAUSADOS POR EL AGUA

Es preciso conocer los requerimientos hídricos de todas las plantas cultivadas en el huerto, al igual que la frecuencia de precipitaciones, con objeto de cubrir correctamente las necesidades de cada ejemplar.

Grietas en los tubérculos. Las patatas y las batatas son las hortalizas que presentan esta deficiencia. En las primeras, viene motivada básicamente por riegos irregulares, aunque los cambios bruscos de temperatura y un exceso de nitrógeno en el suelo, también la produce. En el caso de la batata, la provoca la sequía del clima, (fuera de su lugar de origen, las bajas temperaturas también pueden originarla).

Tratamiento. Al cultivar la patata, debe intentar que las condiciones de cultivo sean homogéneas. Respecto a la batata, fuera de climatologías suaves y calurosas, ha de mantener un buen nivel de humedad en el suelo y un cultivo exclusivamente estival.

Raíces agrietadas. Es una anomalía que afecta principalmente a la zanahoria. Viene provocada por un cultivo en suelos demasiado secos, o debido a una escasez de agua prolongada y, en muchos casos, por falta de riego en las primeras etapas de desarrollo.

Tratamiento. En las próximas temporadas, riegue con mayor regularidad y controle el estado de los semilleros.

Raíces laterales en el rábano. Cuando el suelo no dispone de un buen sistema de drenaje, está continuamente empapado o el riego ha sido excesivo, los rábanos aparecen con protuberancias laterales que deforman su figura.

Tratamiento. Regule el riego y, si es preciso, instale un sistema de drenaje.

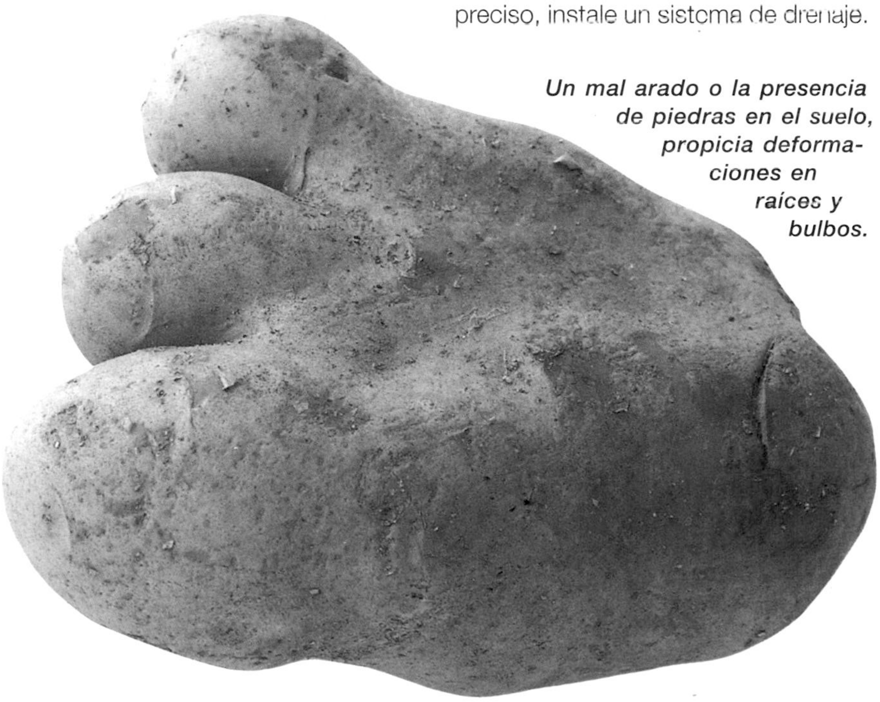

Un mal arado o la presencia de piedras en el suelo, propicia deformaciones en raíces y bulbos.

La multiplicación de las hortalizas

LAS SEMILLAS. CARACTERÍSTICAS Y SELECCIÓN

Las semillas suponen el principal material de suministro de nuevos ejemplares para la siguiente temporada. Por este motivo, es imprescindible que al final cada cosecha el horticultor adquiera la suficiente cantidad de estas diminutas estructuras, para asegurarse una nueva producción de hortalizas.

Planteado así, parece una tarea más a realizar, pero si repara en la importancia que tiene este material de reproducción y las repercusiones directas sobre la recolección, necesariamente tendrá que planificarla. Piense que almacenar semillas en mal estado o de características inadecuadas, puede llevarle a no tener nada que cultivar al inicio de la nueva temporada, lo que supondría un trastorno y no le quedaría más remedio que comprarlas.

Dependiendo del tamaño de las semillas, pueden ser sembradas en semillero o directamente en los bancales de cultivo.

La subida de la flor, además de producir semillas para la próxima temporada, crea una bella estampa en el huerto.

La flor de las crucíferas y los frutos que producen son característicos. La recolección se realiza partiendo de la base de la inflorescencia.

Muchos de los productos almacenados para el consumo puden emplearse como elementos de reproducción.

Para efectuar la recogida de semillas, es preciso considerar tres puntos de vital importancia: la selección de las semillas a partir de los frutos, la preparación de las mismas para su almacenaje, y su correcta conservación hasta el inicio de la siguiente temporada.

Cuando las hortalizas están a punto de acabar su ciclo de vida y los frutos han madurado lo suficiente, es el momento de escoger las semillas. Para no equivocarse, elija una planta sana, robusta y resistente. A continuación, seleccione los frutos que disfruten de las mejores características, ya sea por su forma y color, como por el sabor y calidad de la carne. Si el cultivo sufrió una plaga o enfermedad, y algún ejemplar fue capaz de superar el ataque, posiblemente sus semillas hayan adquirido cierta resistencia, con lo cual puede aprovecharlas.

Tenga en cuenta que las semillas no maduran hasta que el fruto no lo hace completamente; es decir, permita que la maduración se complete y lo haga en la propia mata. Deje tantas piezas como

crea necesario, según la superficie a cultivar.

Una vez recolectadas, manténgalas en un lugar soleado y protegido de la acción de pájaros e insectos. Cuando las semillas puedan ser separadas con facilidad, seleccione las más voluminosas y con mejor aspecto.

Por último, antes de guardarlas, es fundamental tratarlas de manera preventiva contra el ataque de distintas podredumbres. El sulfato de cobre suele dar los mejores resultados, evitando el ataque de hongos y bacterias.

Prepare una disolución con agua al 2% y sumérjalas en su interior durante dos o tres horas. Retire todas aquellas que floten (éste es otro método de selección) y, antes de guardarlas, extiéndalas sobre un cartón o lámina de papel, cerciorándose de que sequen totalmente.

Contra el ataque de roedores, puede impregnarlas con hollín y ceniza, o humedecer los recipientes con gasóleo o petróleo, debido a que su olor les ahuyenta efectivamente.

Almacénelas en un lugar seco y aireado y, si es factible, alejado de cualquier fuente de calor o luz. Los recipientes empleados pueden ser una caja de cartón agujereada y compartimentada, sobres de papel o los pocillos de un semillero, siempre y cuando estén limpios y agujereados para evitar la condensación de cualquier humedad residual.

El etiquetado es esencial, ya que supondrá la única manera de conocer el origen y especie a que pertenecen. En el caso de los sobres de papel es sencillo, porque sólo tiene que anotar los datos en su superficie y cerrarlos. Si ha elegido la opción de

La división de pie de mata en hortalizas perennes contribuye a aumentar el número de ejemplares y la superficie cultivada.

la caja de cartón o el semillero, ha de preparar unas etiquetas que además sirvan para tapar cada uno de los compartimentos, sujetándolas con cinta adhesiva.

OTRAS ESTRUCTURAS DE PROPAGACIÓN

Mientras que la reproducción por semilla puede considerarse como el método natural de propagación, mediante el cual es posible mejorar la cosecha, resulta importante tratar otros tipos de multiplicación basados en la utilización de partes de la propia planta.

Estos dan lugar a ejemplares de las mismas características que sus predecesores, como sucede por ejemplo con los nuevos brotes producidos a partir de las estructuras subterráneas (rizomas, tubérculos y bulbos) y de los tallos (estolones y esquejes).

El caso más típico de cada uno de estos ejemplos, lo representan las alcachofas, que permiten ser multiplicadas a partir de los vástagos que crecen alrededor de la planta madre y pueden ser separados mediante un simple corte. Estas y los ruibarbos, también se propagan a partir de la división de rizoma, tras desenterrarlo antes del inicio de la estación favorable, siendo el mismo método que el empleado con las especies de tubérculo. Los ejemplos más representativos son la patata y la batata, donde cada porción, si está provista de una yema germinal, dará lugar a un nuevo ejemplar.

En el grupo de las bulbosas, como en concreto sucede con el ajo, partiendo de cada uno de los pequeños bulbos que rodean al principal, es posible conseguir una nueva planta. La separación debe realizarse a mano. Como dato orientativo, con la utilización de tres cabezas de ajo podrá conseguir una cosecha de unos 30 ó 40 ejemplares la próxima temporada. Para que no se deterioren durante el invierno, manténgalos en un lugar fresco y seco que no toque el suelo, o déjelos enterrados y protegidos con una

Los pequeños bulbos que forman las cabezas del Ajo, darán lugar a nuevos ejemplares una vez plantados.

Si las Patatas son de grandes dimensiones, divídalas, asegurándose de que en cada trozo haya un brote.

capa de paja, a fin de que no se hielen.

En las especies que se propagan a partir del tallo, es posible efectuar la división mediante esquejes o a partir de estolones.

La obtención de esquejes está muy extendida en los cultivos de la alcaparra y la batata, y el sistema de multiplicación resulta muy sencillo. Seccione un tallo joven, asegurándose de que en él existan varias yemas laterales o, al menos, hojas ya desarrolladas. Sólo tendrá que plantarlo, sin esperar a que enraice, en el lugar elegido y definitivo de cultivo. Hasta que se recupere y esté asegurado su arraigue, el riego debe ser regular y abundante, protegiéndolo de la radiación directa del sol del mediodía.

El caso más peculiar de propagación a partir del tallo, lo representan los fresales. En cada mata, además de los tallos sobre los que se desarrollan las fresas y las hojas, existen otros más largos que crecen horizontalmente y sobresalen de la superficie ocupada por la planta, conocidos con el nombre de estolones. En el extremo de los mismos, es posible comprobar como nacen unos brotes que, poco a poco, dan lugar a un nuevo fresal en

Los estolones laterales de especies como la Fresa son empleados para obtener nuevas matas.

En poco tiempo podrá disponer de Fresas maduras gracias a su facilidad de arralgo.

miniatura. Si la base tocara el suelo, inmediatamente comenzaría a producir raíces, asentándose con gran rapidez para convertirse en otra planta.

Este es un método natural de colonización del suelo, pero si con la ayuda de unas tijeras separa esta yema ya desarrollada y la planta en otro lugar, conseguirá aumentar la producción u obsequiar a algún amigo con uno de estos nuevos ejemplares.

La preparación del suelo

Resulta imprescindible preparar el suelo donde va a estar situado el huerto. La zona de cultivo ha de permanecer libre de hierbas adventicias y disponer de una mezcla equilibrada de nutrientes. Las raíces deben encontrar las condiciones óptimas para su desarrollo, y la planta los elementos indispensables para su crecimiento.

Supongamos que partimos de un terreno totalmente salvaje, donde es posible que toda la superficie esté cubierta por arbustos y hierbas adventicias. Si se encuentra en esta situación, es necesario roturar el terreno pero, antes de empezar, como primera medida debe desbrozar la zona de cultivo, dejando un amplio margen alrededor del futuro huerto, a fin de evitar el contacto directo de los bancales con la maleza.

A continuación, puede optar por dos caminos diferentes. Si dispone de tiempo suficiente, antes del inicio de la temporada de cultivo, es preferible dejar todos los

El motocultor realiza una labor de arado rápida y eficaz. Repita la operación al menos dos veces, antes de la siembra y plantación.

En ocasiones, cuando la zona de cultivo está totalmente cubierta de maleza, resulta imprescindible roturar el terreno.

Los bancales quedarán distribuidos en función del tamaño y forma del huerto. Los surcos y caballones facilitarán la labor del horticultor.

Las hortalizas de hoja y fruto, al igual que la Coliflor, son aptas para el cultivo en caballones.

tallos y raíces que quedan sobre la superficie, para que mueran y se incorporen al suelo. A tal fin, es necesario que cubra el terreno con largas tiras de moqueta, alfombras viejas o cualquier otro material poco transpirable y opaco. Antes de extenderlas, empape la tierra con agua y distribuya uniformemente una capa de estiércol puro.

Ha de permanecer tapado al menos durante dos meses, y la humedad debe mantenerse constante. Si elige el principio de verano para llevarlo a cabo, el resultado será inmejorable. Con este proceso, además de reducir su trabajo, conseguirá que los microorganismos y las lombrices, hayan incorporado al sustrato todo el material vegetal que allí crecía, obteniendo una muy buena capa de materia orgánica.

El otro procedimiento resulta de suma utilidad para preparar el suelo en poco tiempo. Antes de arar, es preciso retirar toda la cubierta vegetal que, de forma natural, ha crecido. Si se trata de una pradera, es conveniente que extraiga la capa superficial con el cepellón de raíces incluido. En caso de que hubiese arbustos con raíces de gran tamaño, tiene que eliminarlas ayudándose con una piqueta de hierro, una laya y un azadón.

A partir de este punto, el camino a seguir es el mismo en cualquiera de los casos anteriores: arar el terreno. La finalidad no es otra que deshacer la compactación de la capa superficial de tierra, extraer todas las piedras y retirar las raíces y restos vegetales sin descomponer que aún permanezcan en la zona.

Para efectuarlo, cuenta con dos herramientas, siendo la más rápida el motocultor, que reduce en gran medida el trabajo a realizar. Si no dispone de él, no se preocupe, ya que la pala puede sustituirlo consiguiendo los mismos resultados, aunque con mayor esfuerzo.

Antes de comenzar a cavar con la pala, divida el suelo en parcelas alargadas delimitadas por un cordel, con objeto de marcar una referencia a la hora de movilizar la tierra. El proceso es sencillo, ya que se trata de transportar la tierra de cada una de las parcelas a la contigua. Como puede suponer, es una labor algo lenta pero, a todas luces, imprescindible.

Una vez concluida la roturación, conviene distribuir una capa de abono, ya sea estiércol, compost, etc, a fin de proporcionar a la tierra una buena cantidad de nutrientes, que serán mezclados con un arado más. A partir de este momento, el suelo ya está dispuesto para recibir las hortalizas.

TERRAZAS

Dependiendo de las condiciones del terreno, y si existe demasiada inclinación en el suelo, es preciso nivelarlo mediante la construcción de terrazas.

A la hora de construir terrazas, el aspecto más importante es que no se desmoronen con el peso de la propia tierra o por la acción de intensas lluvias. Para evitarlo, necesita acoplar contra pendiente un muro de contención y cimentar cada una de las terrazas con piedra y grava, a fin de favorecer su estabilidad y conseguir un eficaz sistema de drenaje.

En cuanto al muro de contención, el modo más cómodo y decorativo de prepararlo es empleando troncos de madera, colocados en horizontal uno sobre otro, sujetos por los extremos y el centro con otros troncos o tubos de hierro clavados en el suelo. No conviene apilar más de tres o cuatro troncos y ha de tener la precaución de que el más grueso quede situado en la parte inferior, sirviendo de base a los demás.

Sobre la grava del fondo debe colocar una capa de tierra prensada y, a continuación, lo que represente el suelo de cultivo.

BANCALES

En la mayoría de los casos, el modo más común de compartimentar el huerto es mediante bancales, porciones de terreno que gracias a la acumulación de sustrato suponen una inmejorable zona de cultivo. En ellos es posible mantener una superficie completamente lisa o, por el contrario, surcada.

En la construcción de bancales es

Tras el arado, la superficie de cultivo debe quedar libre de hierbas y piedras.

La maleza que crece en la capa superficial del huerto debe quedar enterrada a cierta profundidad, evitando así su posible regeneración.

imprescindible planificar con antelación como va a ir distribuido el huerto, cuales son las zonas de cultivo y su tamaño, y considerar la orientación del sol, la climatología, etc.

Una vez marcada la superficie que van a ocupar, la tierra necesita ser labrada de nuevo. Aparte de las labores anteriores, que hayan desmenuzado y aireado el sustrato, conviene volver a arar una vez más, justo antes de iniciar la distribución de las hortalizas. De esta forma, el suelo queda más mullido y aireado, consiguiéndose una tierra sobre la que se trabajará con mayor facilidad. Tras esta operación, es posible dejar el terreno como una superficie horizontal llana, donde plantar todas las hortalizas a la misma altura o, por el contrario, marcar unas hileras sobre las cuales distribuir surcos o caballones, que serán los que alberguen semillas y plántulas.

Los surcos pueden tener distinto tamaño y profundidad, ser discontinuos o

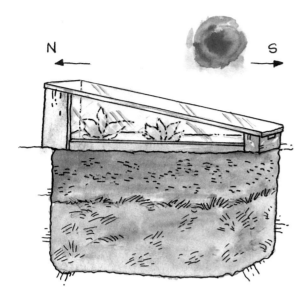

Las camas calientes man-
tienen la capa superficial
del suelo a una tem-
peratura adecuada
durante el invierno.

En las superficies muy desniveladas, es preciso crear muros de
contención. Los troncos de madera
suponen la opción más decorativa.

ir de un extremo a otro del bancal. Si quiere ofrecer un mínimo de protección a las hortalizas o éstas requieren labores de aporcado sobre tallos y hojas, han de ser profundos y debe acumular la tierra que extraiga al cavar, creando un montículo a uno de los lados del surco.

En los casos en que la elevación del terreno suponga una mejora para el desarrollo de las plantas, dispone de la opción de los caballones, acumulaciones de sustrato sobre la horizontal del suelo. El método de construcción es el mismo que el empleado en la preparación de surcos profundos, aunque ahora la siembra se realiza sobre la tierra extraída. Es posible distribuir los caballones de forma que permanezcan aislados o, por contra, mantenerlos comunicados a través de un canal, facilitando así las tareas de riego.

Sus principales ventajas están encaminadas a mejorar el desarrollo de la planta. La base de la mata encuentra mayor aireación tanto en el interior del suelo como en el exterior, ya que las raíces toman el agua de riego con mayor rapidez, porque se distribuye por debajo del cuello de la raíz. Las labores de escarda y binado pueden realizarse con comodidad, debido a que los tallos y frutos no molestan por encontrarse a mayor altura.

CAMAS CALIENTES

Cuando la llegada del frío imposibilita el cultivo de hortalizas sensibles, la fabri-

cación de una cama caliente soluciona el problema, creando una superficie que proporciona de forma natural un aumento de la temperatura. El método tiene como base el empleo de estiércol, para que su fermentación produzca calor debajo de la superficie de cultivo.

La cama ha de prepararse al comienzo del invierno, dependiendo del clima de la zona. Para iniciar su construcción, hay que cavar una zanja con una profundidad de unos 75 cm (si el frío es muy intenso puede llegar hasta 1 m), de no más de 1,5 m de anchura y de longitud variable, según la extensión del cultivo.

Se distribuye estiércol de caballo en capas, y si es muy fresco debe mezclarse con hojarasca. Es importante que la mezcla sea homogénea para que la fermentación quede controlada, manteniendo una producción de calor uniforme, sin altibajos.

Las capas han de tener un grosor de

no más de 15 cm, siendo preciso aplastarlas con el azadón y humedecerlas con agua. Cuando llegue a una altura de unos 50 cm (en climas muy fríos debe alcanzar al menos los 80 cm), se vuelve a aplastar, pisando todo el conjunto y humedeciéndolo por última vez. Finalmente, se añade una capa de tierra de cultivo de no más de 30 cm de altura. Es necesario que ésta quede al mismo nivel del suelo.

Toda la superficie debe cubrirse con una estructura de protección, cuyas paredes, preferiblemente fabricadas en madera, estén ligeramente desniveladas, creando una inclinación orientada hacia el sur. Tape todo el armazón con un cristal, a modo de tapa, que posibilite la entrada de los rayos solares y permita ser retirado con facilidad. Durante la noche, si las temperaturas son excesivamente bajas y el cristal no aisla con eficacia, coloque cualquier material aislante sobre el mismo, como un trozo de moqueta, cartón, etc.

Cuando existe
cierta inclinación
en el terreno,
los surcos
comunicados
facilitan las
labores de riego.

El inicio del cultivo. La siembra

La práctica de la siembra es una tarea muy fácil de efectuar. Desde luego no es de las más agotadoras, aunque si debe tener en cuenta que la calidad de la semilla y la precisión con la que ha de ser plantada, resulta de vital importancia para su futuro.

Se hace hincapié en la precisión, porque esta estructura de reproducción requiere unas condiciones ambientales muy concretas para que germine, al igual que las plántulas que comienzan a desarrollarse. Este es el momento más delicado de la vida de la hortaliza, en el cual la temperatura, el agua, y la luz resultan determinantes pero, además, la profundidad a la que es plantada y la calidad del sustrato donde va a crecer deben ser los indicados. Otra cuestión de probada importancia es la influencia que representa la luna en el desarrollo de los plantones. Así, unas semillas sembradas en luna creciente ven favorecido su crecimiento, mientras que durante la luna menguante el poder de germinación y desarrollo es menor. La distribución de las semillas puede realizarse en semilleros o directamente sobre la superficie de cultivo dependiendo, esencialmente, de la climatología de la zona y del espacio disponible. Otro elemento significativo es la cantidad de semilla que debe ponerse por unidad de superficie. Para ello, hay que considerar el porcentaje de germinación que posee cada una de las especies de hortaliza, y el tamaño que alcanzan en estado adulto.

Los semilleros tienen la finalidad de mantener las semillas en unas condiciones ambientales controladas, desde su siembra hasta que los plantones lo abandonen. El suelo ha de estar bien nutrido, mullido y aireado, en unos niveles de humedad constantes, así como permanecer protegido de cualquier inclemencia climática, ya sea en forma de precipitación o de oscilación térmica.

Si dispone de un invernadero para albergarlos, ha de sopesar dos cuestiones básicas. Por una parte, las plántulas estarán perfectamente resguardadas,

Los semilleros son el modo más práctico y beneficioso para la germinación de las semillas.

Los semilleros acristalados y bien ventilados, aumentan el poder de germinación y la proliferación de los plantones durante los meses más fríos.

La siembra a golpe está especialmente indicada en hortalizas y semillas de gran tamaño.

pero si no hay suficiente ventilación corren mayor riesgo de infección por parte de hongos y bacterias, con la consiguiente putrefacción de las plántulas y, de otro lado, la salida al exterior de los pequeños ejemplares, puede provocar la pérdida de los mismos si la temperatura sufriera cualquier cambio brusco, ya que están "acostumbrados" a todo tipo de cuidados.

Los semilleros son principalmente de dos tipos, destacando los convencionales, compartimentados y muy recomendables para llevar a cabo un trasplante rápido y cómodo, o las cajoneras, que permiten su instalación en cualquier lado, una construcción a la medida que mejor le convenga y la posibilidad de protegerlas mediante la colocación de cristales, en caso de empeoramiento temporal del clima.

La madera es un buen material para fabricarlas, siendo preciso que los laterales tengan una altura de, al menos, el doble del tamaño que alcancen las plántulas. El fondo puede ser inexistente, colocando simplemente una especie de marco sobre el propio terreno. Así, cuando tenga

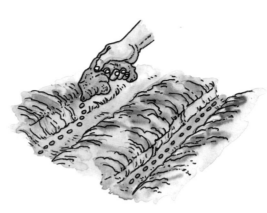

La siembra en línea es muy útil para distribuir hortalizas de raíz con semillas de pequeño tamaño.

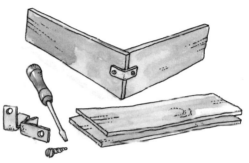

Con unas pequeñas tablas, cuatro ángulos de acero y sus correspondientes tornillos, podrá fabricar un semillero a medida.

En el mercado, es posible encontrar las variedades que mejor se adapten a la zona de cultivo.

que extraer los plantones para su trasplante, con levantarlo será suficiente para separar los pequeños ejemplares.

La siembra directa se recomienda en regiones donde la oscilación de la temperatura no es significativa. El terreno debe estar bien labrado, es decir, suelto, mullido y con suficientes nutrientes. Es preciso mantenerlo con un mínimo de humedad, para evitar la formación de costras por defecto, y la aparición de podredumbres por exceso.

La distribución de las semillas es una tarea que depende del tipo de planta, su tamaño y sistema de crecimiento, y si se trata de una hortaliza de raíz o de hoja. También interviene el grosor de la semilla ya que, lógicamente, no es lo mismo sembrar el pequeño grano de las lechugas, que cualquiera de las semillas producidas por las legumbres, puesto que la profundidad a que quedan enterradas varía considerablemente. Los sistemas de siembra más comunes son a voleo, en línea o a golpes. Comenzando por la siembra a

voleo, ésta se lleva a cabo sobre un suelo uniforme, ya sea la superficie del huerto o una cajonera. Las semillas se distribuyen arrojándolas de manera que queden esparcidas de forma homogénea. Está especialmente indicada con especies de no demasiada envergadura, que no requieran posteriores labores de aporcado, frecuentes escardas o entutorado, que posean un grano pequeño y vayan a ser cultivadas sobre superficies planas. Es necesario controlar la presencia de pájaros y ratones, al menos hasta que hayan germinado, ya que permanecen al descubierto. La siembra en línea se efectua con objeto de crear unas franjas de crecimiento, entre las que poder trabajar con facilidad y

sin riesgo de aplastar las hortalizas. Con este método, las plantas de pequeño tamaño, cuya semilla es de grosor medio, pueden ser cultivadas en surcos, sobre superficies llanas o en caballones, que se trazan con la ayuda de un azadón. Además, las labores de bina, aporcado y escarda se practican con mayor comodidad.

La siembra en hoyos o a golpes consiste en poner en unos pequeños agujeros, previamente preparados y distribuidos en línea o zigzag, una o varias semillas de hortalizas de gran tamaño, que necesitan bastante espacio para crecer y, en la mayoría de los casos, precisan labores como el entutorado o el acolchado.

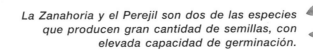

La Zanahoria y el Perejil son dos de las especies que producen gran cantidad de semillas, con elevada capacidad de germinación.

Las plantas no deben molestarse entre sí

Aclarado y trasplante

Estas dos operaciones deben practi-carse, obligatoriamente, sobre las hortalizas sembradas con anteriori-dad a voleo o en líneas, en semillero o direc-tamente sobre la superficie del huerto, si no ha existido un control exacto de la cantidad de grano empleado. Tras la germinación, el crecimiento es muy rápido y, cuando los plantones alcanzan cierto desarrollo, el espacio de que disponen, a menudo, ya no resulta suficiente, generando proble-mas como el raquitismo y la malformación de tallos y raíces. En tal caso, la densidad de plántulas es superior a la conveniente, y se hace obligatorio realizar una redistri-bución de los ejemplares, reduciendo su número por unidad de superficie y ampliando la extensión de cultivo. Esta operación es conocida como aclarado.

Con cada pequeña planta retirada, puede llevar a cabo el trasplante a otro lugar y, de este modo, aprovechar todo el conjunto de semillas que han conseguido germinar. Si la siembra fue en semillero, pero todavía no es tiempo de llevarlas al exterior, es preferible trasplantar a uno nuevo, a ser posible compartimentado, antes de ofrecerles el lugar definitivo de cultivo. Con esta práctica, obtendrá dos grupos de plantones, haciendo posible el escalonamiento de la producción y dis-poniendo de ejemplares que puedan sus-

Son muchas las hortalizas que se obtienen a partir de la siembra de las semillas.

tituir los que se estropeen en el bancal.

Ambas técnicas son muy sencillas de realizar, aunque resulta necesario cono-cer el momento adecuado para practi-carlas; el aspecto y calidad de la cosecha depende de ello.

ACLARADO

El aclarado debe realizarse tantas veces como sea preciso. En las especies

Ciertas especies deben ser cultivadas muy pró-ximas a fin de mejorar la cosecha.

La siembra a voleo obliga al horticultor a realizar un aclarado de los plantones.

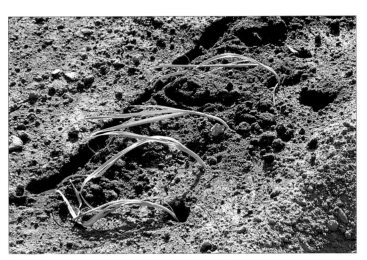

Antes de realizar el trasplante, es preciso marcar el suelo y practicar los huecos con el plantador.

A continuación, se introduce el plantón y con una ligera presión de la tierra con el plantador, se tapan los agujeros.

de raíz, como la zanahoria, remolacha de mesa y nabo, se practica el primer aclarado tras la germinación y posteriormente, transcurridas de una a dos semanas, el segundo. No obstante, si no tiene demasiada experiencia en distribuir las semillas, es posible que tenga que aclarar una vez más. Un factor muy importante es que todas las semillas tengan el mismo origen, ya que en caso contrario pueden producirse desajustes temporales entre los ejemplares. La finalidad de esta labor es doble. Por un lado, intenta mantener la superficie adecuada para el crecimiento, ya que cada especie necesita un mínimo de distancia entre ejemplares para conseguir un desarrollo óptimo y, por otro, procura reducir el número de plántulas que presentan síntomas de debilidad que, a buen seguro, no serán capaces de producir una buena cosecha. El único modo de realizar esta labor es manualmente, ya que requiere gran precisión en la selección.

Las distancias necesarias entre plantas dependen directamente de las características de cada especie, y vienen determinadas por el tamaño y envergadura que adquiere cada variedad. El caso más representativo lo encontramos en los rábanos, los alargados y cilíndricos permiten cultivarse más cerca unos de otros que los de contorno globoso, que ocupan mayor volumen.

TRASPLANTE

El modo de efectuar el trasplante de la forma más rápida y beneficiosa para la planta es empapando el suelo del semi-

llero, a fin de reblandecerlo y que las raíces no queden dañadas al extraer la plántula. Las especies más resistentes, como las cebollas, los tomates o los puerros, pueden ser sacadas con las raíces limpias de tierra, aunque no conviene que permanezcan mucho tiempo a la intemperie. Algunas plantas pueden resistir fuera del suelo durante varias horas, siempre y cuando tengan la suficiente humedad y se mantengan en un lugar fresco y alejado de los rayos directos del sol. Un buen sistema de protección se consigue agrupando los plantones en manojos, cubriéndolos con un trapo empapado en agua, y no empleando nunca una bolsa de plástico.

Para reducir en lo posible la brusca situación a que son sometidos estos pequeños ejemplares que, como es lógico, sufren al ser extraídos del suelo, arranque sólo los que vaya a trasplantar al momento, llevándolos rápidamente a su lugar de destino. Esta operación ha de realizarse por la tarde, cuando el calor se haya reducido con la puesta de sol, ya que

durante la noche disfrutarán de un amplio período de descanso, alejados de los fuertes rayos solares.

Plántelos con la ayuda de una azadilla cuando los ejemplares estén más desarrollados, o mediante el uso de un plantador en los más pequeños. El plantador es uno de los útiles más fáciles de manejar, y puede fabricarlo con un simple trozo de rama de unos 25 cm, acabada en punta. También puede emplear el mango de la azadilla, introduciéndolo en el suelo. Una vez colocadas todas las plántulas en sus correspondientes huecos, empleando la azadilla y realizando un movimiento de empuje del terreno, proceda a cerrarlos. Tenga precaución de que las raíces no queden apelmazadas por la tierra. Un ligero riego contribuirá a que el tiempo de recuperación sea menor.

En los semilleros el aclarado es una de las tareas más comunes, una vez aparecen los plantones.

Las garras de los Espárragos deben plantarse a una profundidad y separación adecuada.

Cómo proteger el cultivo

El acolchado

El acolchado del terreno consiste en cubrir la superficie cultivada o a cultivar con material de origen orgánico. Esta práctica agrícola es utilizada, fundamentalmente, por cuatro motivos. El principal busca el propósito de proteger a las plantas de los agentes ambientales que inciden negativamente sobre tallos y raíces, como por ejemplo, las heladas, la evaporación, la desecación y la erosión, ya sea por acción del frío, el sol, el viento o la lluvia. Por otro lado, crea un sistema que evita la erosión, reduciendo la filtración de los nutrientes que se encuentran en el suelo, sobre todo en zonas de precipitaciones continuas, donde la lluvia lava literalmente el sustrato, perdiéndose con el paso del tiempo. Independientemente, todos poseen una reserva adicional de los mismos elementos nutritivos que, cuando se descomponen, se incorporan a la tierra, renovando los ya agotados. Por último, crea una cubierta opaca sobre el suelo, lo que impide el desarrollo de las plantas adventicias. Aún existiendo una reserva de semillas distribuidas por toda la superficie, evita que germinen y, si lo hacen, la falta de luz limitará su crecimiento.

Para conseguir buenos resultados, es imprescindible binar el suelo antes de iniciar el acolchado, con el fin de eliminar todas las malas hierbas que hubiese sobre el terreno. Si solamente le interesa proteger el cultivo, incorpore el material tal cual, pero si pretende además una adecuada fertilización del suelo, tritúrelo con anterioridad, manteniéndolo al menos una semana bajo condiciones de humedad y oscuridad continuas.

Compruebe que no está empleando un acolchado repleto de semillas no deseadas, porque estaría favoreciendo la implantación de hierbas adventicias que competirían con las hortalizas. Para asegurarse, empape todo y cúbralo con un viejo trozo de moqueta o alfombra;

tras una semana, destápelo y déjelo secar antes de incorporarlo. El material seco puede suministrarse en abundancia, como en el caso de la paja. Si está fresco, como el abono verde, o retiene

en gran medida la humedad, como ocurre con las cortezas de árbol, añada finas capas de 1 ó 2 cm de grosor, aireándo-

La paja es el elemento más empleado en la práctica del acolchado. Cuando se humedece con el riego, debe evitar que la base del tallo entre en contacto con ella.

Las hojas de distintas especies sirven como protección del suelo. En el caso de los helechos, ha de asegurarse de que no tienen esporas que puedan germinar.

las con una horca, si apreciase riesgo de proliferación de podredumbres. La operación debe realizarse cuando las plantas de raíz acaban de ser sembradas, y en cualquier otro caso, una vez que hayan alcanzado un tamaño medio y estén convenientemente aclaradas.

ALGUNOS MATERIALES EMPLEADOS PARA EL ACOLCHADO

Abono verde. De gran densidad, debe ser acumulado en finas capas. Se degrada con extrema facilidad y aumenta considerablemente la temperatura del suelo.

Conviene emplearlo antes de arar, cuando el suelo ha quedado descubierto tras la cosecha. Aproveche el césped segado en la pradera del jardín, siempre y cuando no haya empleado productos químicos en su cuidado.

Cortezas de árbol. Especialmente indicadas en cultivos que no necesiten binas ni aporcado, sobre todo en lugares calurosos y expuestos a la acción del viento, ya que retienen un alto grado de humedad acumulada entre sus poros. Protegen del hielo manteniendo la tierra aislada durante el invierno. Son de muy lenta degradación y, por tanto, abonos a largo plazo.

Hojarasca. La recolección de las hojas que caen en otoño supone una acumulación de cantidad de materia vegetal de rápida descomposición. Es posible utilizar una parte en la formación de compost, pero la mayoría servirá para cubrir las hortalizas que aún han de permanecer en el huerto hasta la llegada del invierno. Contiene gran cantidad de nutrientes. Tras el arado y una constante humedad, no tarda en incorporarse a la estructura del suelo.

Las hojas de helecho, además de suponer un buen aislante, por su lenta degradación pueden ser empleadas como método preventivo de enfermedades y plagas, ya que contienen sustancias perjudiciales para la proliferación de organismos parásitos y patógenos de las hortalizas.

Paja. Facilita como ningún otro elemento la aireación del suelo, es ligera y ocupa gran espacio. Se descompone lentamente, para lo cual necesita constante humedad. Contiene poco nitró-

Los frutales jóvenes, durante el invierno y en lugares muy fríos, deben protegerse con paja.

geno y, por ambos motivos, no supone un sistema de abono muy completo, lo que obliga al aporte adicional de nutrientes.

Es considerada como un material óptimo para cultivar hortalizas cuyos frutos han de descansar sobre el suelo, porque evita su putrefacción.

Las cortezas de pino y de cualquier otra especie de árbol, convenientemente trituradas, retienen gran cantidad de agua.

Con la ayuda de una horca, el material de acolchado se distribuye homogéneamente sobre la superficie de cultivo.

Las labores de mantenimiento

El control de las hierbas silvestres. Escarda y binado

Estas dos labores del terreno se llevan a cabo sobre la capa más superficial del suelo, realizándolas para favorecer el crecimiento de las hortalizas. La escarda se practica desde que la semilla germina hasta que acaba la recolección de los frutos, y la bina de forma periódica, cuando los ejemplares han alcanzado cierto tamaño y el desarrollo de las raíces ha ocupado una superficie considerable.

La finalidad que tiene la escarda no es otra que eliminar las hierbas adventicias que crecen alrededor de las hortalizas, a fin de controlarlas para que no interfieran en su crecimiento, pues poseen un sistema de desarrollo mucho más veloz. Tenga en cuenta que si se descuida y no las elimina con frecuencia, en muy poco tiempo son capaces de producir semillas, asegurando la aparición de otra generación que le dará más trabajo.

El binado del terreno resulta imprescindible para mantener un buen grado de oxigenación en el terreno y la beneficiosa presencia de una capa superficial mullida y suelta. Al remover y levantar la tierra que rodea cada ejemplar, se rompen los terrones y costras formados en la superficie. Normalmente es una labor que se aplica en las hortalizas de raíz aunque, como puede suponer, beneficia a cualquier tipo de planta. Así mismo, cabe señalar que el binado reduce las plantas adventicias, no siendo necesaria la escarda.

Hay varias herramientas útiles para practicar estas tareas, siendo las principales los azadones (ya sean de lámina plana o dentados), los escardillos y el cultivador. Recuerde que el recorrido debe realizarlo siempre de espaldas, con objeto de evitar que sus pasos recorran la superficie trabajada, apelmazándola. Retire con la mano o

Con la ayuda de la azadilla, se arrancan las hierbas competidoras, preferiblemente cuando el suelo está húmedo.

Las condiciones del huerto son muy favorables para la rápida proliferación de malas hierbas.

Los tutores más empleados son los fabricados con ramas de árbol. Debe cortarlos a la medida de las plantas.

con la ayuda de los dientes del cultivador las hierbas adventicias, acumulándolas fuera de la superficie de cultivo.

QUÉ HACER CON LAS TREPADORAS. EL ENTUTORADO.

Hay varias especies de hortaliza que no poseen un porte típico en forma de mata, cuyos tallos están caracterizados por crecer desproporcionadamente en longitud, mientras que el grosor de los mismos no es el suficiente para permitir soportar el elevado peso que alcanzan.

Este problema lo resuelven las propias plantas de varias maneras diferentes. Unas mediante un desarrollo rastrero sobre el suelo, como es el caso de los calabacines, pepinos, sandías, etc., y otras trepando y enganchándose a cualquier elemento de cierta altura, como las judías verdes, guisantes, etc.

El horticultor, al observar esta situación, encuentra una excelente oportunidad de aumentar la superficie de cultivo, ya que si estos tallos dispusiesen de un soporte adicional a pie de mata, el crecimiento se produciría en vertical, y la producción se vería favorecida.

Los tutores entran a formar parte del huerto como un elemento indispensable. Incluso son utilizados para dar sujeción a aquellas especies que, sin poseer tallos trepadores, necesitan un soporte adicional para no troncharse con el peso de los frutos, como ocurre claramente con las tomateras.

Los materiales más empleados en la fabricación de soportes para las plantas, ya sean tutores o cualquier otra estructura en forma de malla, son la madera y el acero de alambre y rejillas, pudiendo elegir entre varias posibilidades para lograr una superficie de apoyo.

La forma de sujeción más sencilla es clavar a pie de mata una rama de unos 2 m de altura, especialmente indicada para el cultivo de judías verdes. En el caso de las tomateras el tutor debe ser más robusto y de menor longitud; con no más de 1 m de altura es suficiente. Ate el tallo principal al tutor, ya que ésta planta no tiene capacidad de agarre por si misma.

Cuando las matas son muy numerosas, puede distribuir una serie de alambres guía a partir de un eje central y elevado, a modo de tendedero, o construir una especie de superficie de apoyo mediante una celosía de madera o una malla metálica, en vertical o en un plano inclinado. Mediante esta opción, los tallos de las plantas de guisante, calabaza, calabacín, pepino o sandía podrán crecer cómodamente, sin ocupar amplias super-

La tarea la completará con la extracción manual de todas ellas.

Las tomateras requieren unos tutores más robustos y cortos. Para evitar que los pájaros se posen sobre ellos, puede colocar bolsas de plástico en la punta.

El Apio es una hortaliza que necesita ser blanqueada. Una vez que los tallos adquieran cierta altura, deben ser atados de forma compacta.

A continuación, se cubren con tierra las pencas atadas hasta la altura de las primeras hojas.

Por último, se da forma al montón de tierra aporcado, para facilitar el riego y evitar podredumbres.

ficies de terreno, siempre aprovechables para el cultivo de otras especies.

Cómo suavizar el sabor de las hortalizas. El blanqueado

A fin de eliminar ciertos matices amargos en el sabor de determinado tipo de hortalizas, una vez que han alcanzado su punto máximo de crecimiento y antes de ser recolectadas, necesitan una última labor

Si las partes aprovechables de las plantas, en concreto en especies de hoja, raíz o tubérculo, quedan expuestas al sol directo justo antes de ser consumidas, comienzan a adquirir un intenso color verde, que perjudica la calidad de la cosecha con un característico sabor amargo. Con objeto de evitarlo, es preciso proteger de la luz estas partes del vegetal, al menos durante los cuatro o cinco días que

preceden a su recolección. Esta labor se conoce con el nombre de blanqueado.

Las distintas técnicas de aislamiento y blanqueado dependen, principalmente, del tipo de hortaliza que lo requiera. Para las especies de hoja, como la lechuga, escarola y apio, la colocación de tiras de cartón que cubran la zona específica y el atado de los cogollos, son los procedimientos más empleados.

Los cartones mantienen más comprimidos los cogollos, siendo necesario atarlos con una cuerda y, de esta forma, sólo quedan expuestos al exterior los ápices

de las hojas. Es muy recomendable en especies cuyo producto son las pencas, como el apio.

Si decide prescindir del cartón, sujete el cogollo con una tira de rafia o cualquier tipo de cuerda no demasiado fina (podría dañar las hojas produciendo cortes), colocándola a una distancia de un tercio por debajo del ápice. Como es lógico, las hojas más externas adquieren el sabor amargo, aunque su pérdida contribuye a mejorar la calidad del resto.

En casos muy concretos, como por ejemplo la endibia, la oscuridad ha de ser total, resultando preciso colocar sobre cada ejemplar una especie de cubierta totalmente cerrada, que impida el paso de la luz. El empleo de unos tiestos de plástico supone una de las opciones más acertadas. Pueden ser retirados durante la noche para facilitar la aireación y evitar las siempre desconcertantes podredumbres. La acumulación de paja sobre tallos

Con objeto de suavizar su amargo sabor, las Endibias deben ser blanqueadas totalmente.

Antes de la recolectar Lechugas y Escarolas, es conveniente atar los cogollos.

La luz solar provoca la aparición de clorofila en estructuras subterráneas como la Patata.

y hojas, representa otra opción para conseguir el mismo fin. Principalmente se emplea en ambientes con riesgo de helada y sobre hortalizas de tallo, como el espárrago y el puerro, aunque también puede aplicarse a las pencas del apio. Supone una alternativa a tener en cuenta, porque además de aislar del sol, protege del frío a los ejemplares que se mantienen durante la estación invernal en los bancales.

Por último, queda el grupo de hortalizas cuyo producto aprovechable es subterráneo, como por ejemplo la zanahoria. En la mayoría de los casos, al final de su desarrollo asoman al exterior los cuellos de las raíces y los tubérculos más próximos a la superficie, adquiriendo una tonalidad verde que le confiere un fuerte sabor. En este momento y para solventarlo, debe cubrir los pies de mata con la tierra que se encuentra alrededor de la planta, antes de llevar a cabo la recolección. Esta técnica se conoce con el nombre de aporcado o recalzado. Con la práctica de esta labor, también se consigue proteger de eventuales heladas los productos que permanecen en el huerto durante el invierno y, además, favorece el crecimiento de nuevas raíces en la base de los tallos de las tomateras o las plantas de maíz dulce, lo que proporciona mayor estabilidad a las

pesadas matas. La herramienta idónea para llevar a cabo el aporcado es el azadón, y las hortalizas que lo necesitan son, la patata, la batata, los nabos, los rábanos, las zanahorias, etc. El apio, el puerro y los espárragos agradecen este blanqueo cuando la acción del frío es considerable. Para realizarlo con mayor comodidad, es preciso que cultive este tipo de hortalizas en surcos profundos. A medida que vayan creciendo, su altura aumentará y, cuando ésta sea la apropiada, la tierra extraída de

los surcos y que fue acumulada a uno de los lados, servirá para cubrir la parte basal de los tallos. Transcurridas unas semanas y justo antes de la recolección, se terminan de cubrir los tallos hasta la altura de las primeras hojas.

El almacenaje de los productos recolectados en un lugar oscuro, alejado de cualquier fuente de luz, especialmente en el caso de las hortalizas de raíz y tubérculo, contribuye de forma definitiva a conservar la calidad de la cosecha.

Recolección y conservación

Al final de todo el proceso de desarrollo que las hortalizas precisan, con la preparación del terreno y la dedicación que supone la aplicación de las técnicas y labores que demandan, llega el instante más esperado por el horticultor: la obtención de la cosecha, el producto final por el cual tanto se ha esmerado.

Estamos ante los últimos pasos previos a la degustación de tan ansiada recompensa, la recolección y, en algunos casos, la conservación de los productos de la huerta. Llegado este momento, no conviene caer en la euforia de la labor terminada, puesto que debe acabarla de forma adecuada para que los alimentos lleguen a su mesa en las mejores condiciones de calidad.

LA RECOLECCIÓN

Las tareas de recolección no son una simple obtención de los productos que dan las plantas, requiriendo conocer una serie de técnicas, tendentes a sacar el mayor partido a la cosecha. Por ejemplo, si no recolecta los frutos en el momento justo de maduración, no podrá disfrutar ampliamente de todo el sabor y cualidades que tan minuciosamente ha tratado de conseguir con las labores y cuidados practicados durante todo el año.

Resulta imprescindible saber cuando una hortaliza está madura y cual es el modo de llevar a cabo su recolección, a fin de no dañar la planta y mantener la cosecha en buen estado de conservación.

A través de la experiencia que se va acumulando cada temporada, es posible reconocer el momento idóneo para efectuar la cosecha, consiguiendo así el punto justo de máxima calidad y sabor.

En la mayoría de las hortalizas, la maduración del producto suele coincidir con el final del ciclo de vida de la planta, pero hay algunos casos en que no es así, ya que algunas ofrecen la producción de

Llega el momento más esperado. La recolección de los frutos es la labor más gratificante dentro del huerto.

Dependiendo del color de los frutos, es posible conocer el grado de madurez de los mismos.

forma escalonada, como las coles de Bruselas o espinacas, e incluso existen otras que son perennes, manteniéndose vivas a lo largo de varias generaciones, como ocurre con los espárragos o las alcachofas.

A fin de establecer una clara diferenciación, se han separado las hortalizas en función de la parte aprovechable que proporcionan.

Los ejemplares de raíz tienen un indicador inconfundible; la altura que ha alcanzado la planta y la aparición del cuello de la raíz sobresaliendo del suelo. Si espera demasiado, la subida de la flor puede reducir la calidad de las mismas. Para extraerlas es necesario disponer de una laya o, si el terreno está suficientemente mullido, bastará con la mano.

En las de tubérculo, tras la floración la planta se seca, tumbándose sobre el suelo. En el caso de las bulbosas, las dos o tres hojas externas se marchitan, y el bulbo asoma ligeramente a través de la superficie. Mediante la ayuda de un azadón de dientes o una laya, los tubérculos son recolectados rápidamente. En el caso de la cebolla o el ajo, antes de desenterrarlos, resulta beneficioso tronchar y pisar los tallos unos días antes de recolectar definitivamente, ya que los bulbos engordarán un poco más.

Las especies de hoja, tales como las coles, las lechugas y las escarolas deben presentar la pella compactada. No permita que el pedúnculo floral inicie su crecimiento. En plantas como la acelga o la espinaca, a medida que las hojas externas adquieren el tamaño y aspecto adecuado, ha de realizar su recolección. El cuchillo es el útil indicado para separar las pellas y hojas de la mata. Cuando la cosecha se realiza hoja por hoja, preste atención a fin de no cortar el cuello de la planta.

Todo el grupo de hortalizas que dan fruto, posee un factor común indicativo de la madurez: el color. Cada una adquiere un tono singular cuando alcanza el punto exacto; las berenjenas el color morado, los tomates el rojo intenso, etc. No obstante, estos no son los únicos caracteres a tener en cuenta, puesto que existen buen número de elementos que proporcionan la información precisa.

Las hortalizas de bulbo y raíz indican el momento de la cosecha cuando asoman a la superficie.

Con la ayuda de un azadón o una laya, es posible desenterrar las Patatas ya formadas.

Al recolectar la Patata, debe tener cuidado de no dañar los tubérculos distribuidos aleatoriamente en el suelo.

Al final del verano, muchos frutos no son capaces de madurar totalmente. Aproveche para conservarlos en vinagre.

planta ni a la cosecha, debe practicarse con un cuchillo o unas tijeras de podar, seccionando el pedúnculo que los une, unos dos o tres centímetros por encima del comienzo del fruto.

CONSERVACIÓN

Una vez concluida la recolección de los productos de la huerta, el mejor modo de aprovecharlos es consumiéndolos frescos, porque las vitaminas y demás elementos nutritivos que poseen se encuentran en perfecto estado. El problema aparece cuando la producción es superior a la cantidad que diariamente se utiliza, siendo el momento de aplicar los distintos métodos de conservación, tendentes a alargar la vida de la cosecha y poder disfrutarla al cabo de varios meses.

Las hortalizas, al igual que la fruta, tras la maduración comienzan a perder cualidades, llegando a un nivel a partir del cual el producto perece.

Ahora bien, existen una serie de sistemas de conservación que evitan que esto suceda, siendo los más empleados el secado, el mantenimiento en frío, la congelación, la estratificación en arena o paja y el encurtido en vinagre.

En el caso de las bulbosas, como las cebollas y los ajos, con ciertas hortalizas de fruto, en especial las guindillas y las mazorcas de maíz dulce, y los dos tipos

Por ejemplo, en las sandías y los melones, tan difíciles de conseguir en su punto justo, las primeras deben tener el zarcillo que se encuentra junto al pedúnculo totalmente seco, y éste haber perdido su rigidez. Del mismo modo, la parte del fruto apoyada en el suelo habrá cambiado del tono verde al amarillo. En cuanto al melón, es preciso encontrar una grieta circular en la base del pedúnculo, marchitamiento de la primera hoja más cercana al fruto, y que éste haya cambiado su brillo por un color mate. Para los más experimentados, el olor que desprende por el extremo es indicativo de su madurez. Otro producto que ofrece algunas dudas es el pepino. Cuando alcanza la maduración, las estrías que lo recorren no son muy pronunciadas, el color, en general, es más claro y el ápice más redondeado.

En cuanto al modo de separar el fruto, a fin de no producir ningún daño a la

principales de tubérculos, como las patatas y batatas, el método más práctico de conservarlos es mediante el secado. Una vez separados de la mata, se trasladan a un lugar fresco y aireado, colocándolos sobre una amplia superficie, lo más extendidos posible. Respecto a los ajos, al cabo de unas semanas puede optar por trenzar los tallos y colgarlos en un lugar aireado. Además de evitar la posible aparición de mohosidades, obtendrá un elemento decorativo para su cocina. Las guindillas también ofrecen la posibilidad de crear un atractivo conjunto atadas con un hilo. Cuando aún no se hayan secado del todo, atraviese con una aguja los pedúnculos, cosiendo literalmente una guindilla a otra.

Los tubérculos y las cebollas deben almacenarse en sacos de tela o cajones de madera, siempre fuera de la luz y de cualquier fuente de humedad y calor.

En cuanto a la conservación en frío, las actuales cámaras frigoríficas permiten mantener los alimentos frescos durante varios días. En el caso de las hortalizas de hoja, una vez estén convenientemente secas (evite recolectar a primera hora de la mañana, después del riego o tras una repentina lluvia), han de ser introducidas en una bolsa de plástico; de esta forma, evitará el marchitamiento.

Antes de congelar, es preciso saber qué cierto tipo de hortalizas por sus peculiares características no lo permiten, como ocurre con la mayoría de los frutos, especialmente los blandos, y que el resto necesitan una preparación previa para ser introducidas en el congelador.

En primer lugar, todo producto ha de ser lavado y, si lo requiere,

Los Pimientos rojos asados pueden conservarse en tarros de cristal cubiertos de aceite y herméticamente cerrados.

Las Cebollas, Ajos y Patatas se mantienen durante mucho tiempo tras el secado.

pelado, como ocurre con los guisantes, patatas o zanahorias. Las hojas de las espinacas deben ser comprimidas, y el resto de hortalizas troceadas.

Las judías verdes, el repollo, las alcachofas y las acelgas han de partirse en trozos más o menos grandes, ya que son de pequeño volumen, mientras que las patatas, zanahorias, calabacines, etc., en pedazos pequeños no más gruesos de un centímetro, puesto que su grosor es considerable. Si pretende mantener las cualidades intactas de los alimentos, es imprescindible que los congele tan pronto sea posible a muy baja temperatura, inferior a -12ºC. También es recomendable que queden almacenados por raciones, a fin de evitar la descongelación conjunta.

Si dispone de espacio en un

cobertizo o una bodega, puede optar por la conservación en estratos de arena o paja. Este método resulta muy práctico para cualquier tipo de hortaliza de raíz, como zanahorias, nabos, colinabos, remolacha de mesa, rábano, etc., y es sencillo. Mediante el empleo de cajones, distribuyendo capas sucesivas y alternas de arena o paja y hortalizas, es posible impedir la deshidratación de cualquier tipo de raíz o tubérculo. Es importante resaltar que no debe apilar más de cinco estratos en el caso de ejemplares de gran tamaño, impidiendo que entren en contacto directo unos productos con otros; de esta forma, evitará la posible aparición de podredumbres. Con el mismo fin, mantenga los cajones en un lugar fresco, aireado y seco.

La conservación en vinagre es un método que, aunque no convence a todo el mundo, es el más apropiado para aprovechar todos los frutos que al final del verano ya no maduran, como sucede con los pepinillos, tomates, pimientos, etc. Se emplea el vinagre puro o, si lo prefiere, rebajado con agua. Conviene que el recipiente sea de cristal y cierre herméticamente.

Para ampliar la variedad de productos en vinagre, es posible introducir zanahorias troceadas, cebollitas, aceitunas, e incluso guindillas si desea dar un matiz picante a todo el conjunto. Al cabo de un mes aproximadamente, ya puede comprobar el resultado final, degustándolo.

Las hortalizas de tallo han de recolectarse con la ayuda de una navaja o cuchillo bien afilado, a fin de practicar una sección lo más limpia posible.

Las enfermedades
Control y tratamiento

Cuando no existe un daño directo sobre la planta, pero ésta se ve afectada por una serie de anomalías y deterioros que provocan trastornos considerables en su desarrollo, es muy posible que estén producidos por organismos no pertenecientes al reino animal ni al vegetal.

Se trata de los hongos, las bacterias y los virus que, generalmente, viven y se desarrollan como parásitos, aunque también, exceptuando el caso de los virus, es preciso reconocer que suponen una inestimable ayuda en los procesos de regeneración del suelo.

Si las condiciones les resultan propicias, su reproducción y proliferación es muy rápida, siendo capaces de soportar largos períodos desfavorables en estado de latencia, mediante la producción de esporas. Estas minúsculas estructuras de propagación están facultadas para permanecer inactivas incluso años, esperando a que la planta que les sirve de alimento vuelva a estar presente, o simplemente hasta que las condiciones ambientales sean, de nuevo, las apropiadas.

Por este motivo, es complicado su control y eliminación, resultando más eficaces los mecanismos de prevención que los de tratamiento.

MÉTODOS DE ELABORACIÓN Y PREPARADOS

Para extraer las sustancias activas de las plantas mediante maceración, ha de desmenuzar tallos, hojas y flores y, posteriormente, sumergirlos en agua fría. Deben transcurrir entre 24 y 72 horas, dependiendo del tipo de planta, antes de extraer el caldo resultante.

La obtención de extractos vegetales pasa por la trituración de hojas y tallos. El producto resultante se introduce en un embudo de tela para, posteriormente, exprimir su contenido.

En la fabricación de purin, las partes del vegetal empleadas han de mantenerse

La mielenrama, además de poseer un aroma muy agradable, puede ser empleada en el control de enfermedades.

Las ortigas crecen en cualquier zona donde exista cierto grado de humedad y suelos bien nutridos.

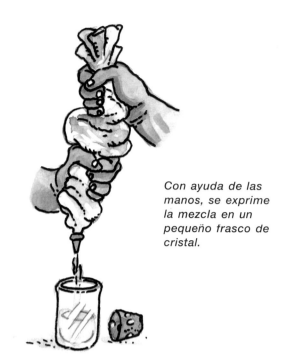

En la obtención de extractos, tras haber recolectado el material vegetal, es preciso triturarlo, machacándolo en un almirez.

El contenido del almirez se vierte en un embudo de tela, semejante a una manga pastelera.

Con ayuda de las manos, se exprime la mezcla en un pequeño frasco de cristal.

ontro dos y tres semanas en agua fría, dejando que fermenten. No olvide agitarlas periódicamente.

Al realizar la decocción, previamente tiene que sumergir en agua durante un día las partes trituradas de las plantas. A continuación, se hierve todo media hora, filtrando finalmente el caldo producido.

TIPOS DE PREPARADOS

Son varias las recetas que pueden emplearse en el tratamiento y prevención de enfermedades producidas por hongos y bacterias. Puede encontrar todos los componentes en tiendas especializadas o, si lo prefiere, en el caso concreto de ciertas plantas es posible recolectarlas directamente del campo.

Caldo bordolés

Contra las enfermedades producidas por hongos, en especial el mildiu.

Diluya 500 g de sulfato de cobre en polvo en 12 l de agua y, por otro lado, prepare una lechada de cal viva en terrón. Debe empapar el terrón hasta que se desmenuce, añadiendo un par de litros de agua, completándolos poco a poco, sin parar de remover, hasta los 12 l. Una vez preparada, puede verter la lechada sobre el sulfato de cobre, filtrándola y agitando constantemente. Compruebe el pH de la mezcla con un papel rojo de tornasol y, cuando éste cambie a azul, suspenda la

adición de cal, completando el volumen hasta los 25 l.

Decocción de cola de caballo (Equisetum arvense)

Aplicable para la prevención de enfermedades de origen fúngico.

Es aprovechable toda la planta excepto la raíz. Si utiliza material fresco, la proporción es de 150 gramos por litro de agua (en seco 20 g/l), y ha de macerarlo antes de hervir. Puede añadir silicato de sosa para potenciar su efecto (5-10 g/l). Pulverice directamente sobre la planta tres veces al día.

Maceración de mielenrama (Achilea millefolium)

Preventivo contra las bacterias y hongos.

Se utilizan sólo las inflorescencias en la maceración, en una proporción de 20 g por litro de agua. Pulverice sobre la planta al 10%.

Preparado de sulfato de cobre

Para combatir enfermedades de origen fúngico.

La proporción es de 10 g/l de agua. Pulverice las semillas y bulbos almacenados para siembra.

Purin de ajenjo (Artemisia absinthium)

Contra el ataque de los hongos y podredumbres bacterianas.

Los tallos y flores se sumergen en una

proporción de 150 g por l de agua, si el material es fresco (15 g/l si ha sido secado). Ha de permanecer 12 días en estas condiciones. Pulverice la planta afectada, reduciendo el concentrado al 20%.

Purin de ortiga (Urtica dioica)

Contra el ataque de enfermedades producidas por hongo, como el mildiu.

Emplee la planta entera excepto la raíz, en una proporción de 100 g/l de agua si el material es fresco (20 g/l si ha sido secado). Antes de extraer el producto, debe estar sometido a dos semanas de fermentación. Pulverice al 5% sobre suelo y planta.

Purin de ortiga con decocción de cola de caballo

Preventivo contra el oidio y otras enfermedades de origen fúngico.

Emplee 1 l de purin de ortiga, junto con 0,5 l de cocción de cola de caballo. En el momento de aplicarlo se diluye al 20% en agua para impregnar el suelo, o bien al 2% si se suministra directamente sobre las plantas.

ENFERMEDADES PRODUCIDAS POR HONGOS

ALTERNARIA. Se detecta por la presencia de manchas concéntricas de color amarillento en el haz de las hojas de los rábanos, así como en especies del grupo de las coles. En el caso concreto de las zanahorias, los síntomas son diferentes, ya que las manchas con aspecto de quemaduras presentan un color pardo.

Tratamiento. Es preciso arrancar las hojas dañadas y quemarlas. Si la infección se ha extendido, elimine la planta completa. Los preparados de azufre, el purin de ortiga y la solución de ajenjo, son varios de los remedios más eficaces contra este hongo.

ANTRACNOSIS. Sobre la vaina de las judías verdes puede aparecer una mancha de color negro que echa a perder los frutos. Si no ataja la enfermedad con rapidez, corre el riesgo de que toda la producción quede dañada. También puede afectar al ajo, calabacín o la espinaca.

Tratamiento. La mielenrama macerada es muy eficaz contra este hongo; rocie las plantas al primer síntoma. Del mismo modo, los preparados a base de azufre, y el purin de ortiga disminuyen el riesgo de contagio del resto de la cosecha.

BOTRITIS O MOHO GRIS. Es la enfermedad típica de los frutos ya maduros, y puede atacarlos tanto antes como después de la recolección. La falta de ventilación y la humedad cálida son factores que favorecen la proliferación de una mohosidad de color grisáceo. Los invernaderos sin un sistema eficaz de aireación son los mejores aliados de este hongo. Afecta principalmente a la fresa, el tomate, la lechuga y los pepinos.

Tratamiento. Con el fin de prevenir su aparición, los pies de cada mata han de estar libres de hojas y tallos muertos, los frutos no deben mantener contacto directo con el suelo, y los muy maduros tienen que ser recolectados lo antes posible. El riego desmesurado es muy perjudicial. El purin de ajenjo y el purin de ortiga contribuyen a reducir el número de esporas fértiles sobre tallos y frutos.

CERCOSPORA. Resulta reconocible por la aparición de manchas circulares sobre las hojas. Estas acaban por colorearse de un tono negruzco que termina con el follaje de la planta y, en último término, con el ejemplar. Las especies que pueden sufrir su ataque son la zanahoria, la remolacha de mesa, la espinaca y el pimiento.

Tratamiento. Los productos fungicidas fabricados a base de azufre, el purin de ortiga y el de ajenjo reducen la proliferación. Como es natural, la retirada de las partes dañadas ha de ser inmediata a la detección de la enfermedad. Debido a que las semillas pueden estar infectadas, es preciso tratarlas con sulfato de cobre diluido antes de ser almacenadas.

HERNIA DE LA COL. Cuando este hongo ataca a cualquiera de las especies del grupo de las coles, las raíces se cubren de excrecencias o pequeños bultitos que las deforman, hasta que las hojas amarillean y acaba por morir la planta. Las esporas producidas resisten en estado de latencia hasta siete años. En este período, no podrá cultivar ninguna especie de la

Para fabricar caldo bordolés, ha de triturar y diluir previamente el sulfato de cobre.

familia de las crucíferas, como coles, nabo, coliflor, etc.

Los síntomas son muy semejantes a los de la falsa potra, provocada por un pequeño gusano. Practique un corte a través de las excrecencias para comprobar cual es el verdadero causante del mal.

Tratamiento. Es imposible reducir la presencia de este hongo, y sólo es factible controlarlo mediante métodos preventivos. El principal es no cultivar el grupo de las coles en suelos con pH ácido, o modificarlo mediante el aporte de una pequeña cantidad de cal (proceso muy delicado). En cuanto detecte un ejemplar

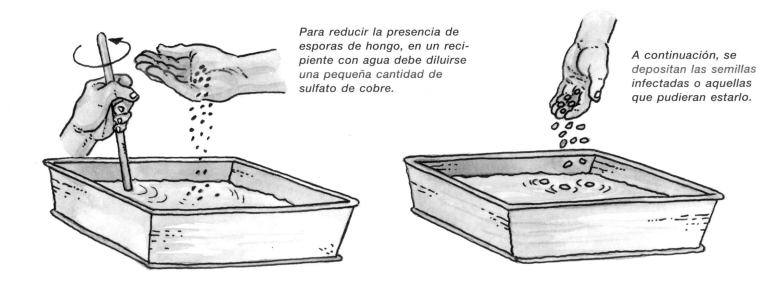

Para reducir la presencia de esporas de hongo, en un recipiente con agua debe diluirse una pequeña cantidad de sulfato de cobre.

A continuación, se depositan las semillas infectadas o aquellas que pudieran estarlo.

En otro recipiente, debe poner en remojo la cal, fabricando una lechada.

Sobre el sulfato de cobre, se añade la lechada, comprobando su pH con un papel de tornasol.

dido y dañino de los que atacan al conjunto de las hortalizas. Es capaz de proliferar sobre las hojas de la patata, el nabo, los plantones de la remolacha de mesa, y un sin fin de especies más. Es posible reconocerlo por la presencia, en el haz de las hojas, de unas manchas de color amarillento o parduzco que cubren los márgenes y el interior. Observando el envés, se encuentra una masa mohosa de color gris que lo cubre casi por completo.

Tratamiento. Si son pocos los ejemplares afectados, es preferible arrancarlos y quemarlos a fin de evitar el contagio del resto. Si no es posible su control o se prevé la infección inmediata por la presencia de mildiu en las huertas de la zona, resulta indispensable rociar tallos y hojas con caldo bordolés, con lo que las esporas que puedan llegar hasta su huerto no podrán germinar.

ROYA. Hay muchas especies que pueden ser atacadas por este hongo, del mismo modo que también son diversos los tipos de hongos que lo producen. Los más comunes cubren la superficie de las hojas de manchas pardas, negras o anaranjadas, con aspecto de pústulas. Las leguminosas, la endibia y la patata, pueden sufrir sus efectos. Existe otro tipo, la roya blanca, caracterizada por la presencia de una masa pulverulenta de color gris

afectado, no dude en arrancarlo y quemarlo. Tenga cuidado con las visitas a otros huertos en los que exista la enfermedad, ya que las esporas podrían ser transportadas por las herramientas, las botas o mediante el intercambio de semillas y plantones.

Se ha observado un retroceso de la enfermedad sobre suelos infectados, cuando los plantones son sumergidos en una solución preparada a partir de la decocción de cola de caballo, del mismo modo que a través del empleo de una pequeña cantidad de cal mezclada con el suelo, justo antes de realizar el trasplante,

especialmente en suelos ácidos, situación en la que es más común su aparición. El terreno también puede ser tratado con purin de cola de caballo como medida de prevención. En cualquier caso, la rotación de los cultivos será la mejor opción que pueda adoptar tras su ataque, no cultivando ninguna especie de la familia de las crucíferas en el mismo lugar donde apareció la enfermedad.

MILDIU. Supone el hongo más exten-

Transcurridos unos minutos, se apartan las semillas flotantes, desechándolas. Seguidamente, debe retirar el agua y secar todas aquellas que quedaron en el fondo.

En ambientes secos, es difícil que proliferen los hongos y las bacterias.

blanquecino que cubre totalmente las hojas de las especies pertenecientes al grupo de las coles, como repollos, nabo, coliflor, etc. Por último, figura la roya que afecta a los frutales, reconocible por la aparición de unas manchas amarillentas en el haz de la hoja y pústulas de color pardo en el envés.

Tratamiento. Los productos empleados contra cualquier tipo de hongo, tales como el purin de ajenjo, fabricados con azufre o el caldo extraído de la maceración de la mielenrama, son adecuados para tratar la roya. Como medida de prevención, retire las ramas afectadas y quémelas. No aproveche en ningún caso las hojas caídas en el suelo para la fabricación de compost.

SEPTORIOSIS. Las hojas del apio se cubren de unas pequeñas manchas de color amarillento que evolucionan con rapidez por toda su superficie y parte del peciolo. Si no la ataja a tiempo, toda la planta se pierde. La propagación de esta enfermedad se produce a partir de semillas infectadas.

Tratamiento. Los preparados de sulfato de hierro o de azufre, pulverizados sobre la planta una vez han sido retiradas las hojas dañadas, suelen resultar suficiente para controlar su proliferación. Del mismo modo, tiene la posibilidad de emplear purin de ajenjo o mielenrama macerada.

ENFERMEDADES PRODUCIDAS POR BACTERIAS

CHANCRO BACTERIANO. Es muy común dentro del grupo de los frutales y hortalizas como el tomate. En el tomate provoca el marchitamiento de las hojas, agrietamiento de los tallos y manchas en los frutos. Es habitual con humedad ambiental alta.

Tratamiento. Las partes dañadas de la planta han de ser eliminadas y quemadas de inmediato. El purin de ajenjo, cola de caballo y ortiga, contribuyen decisivamente en la prevención de la enfermedad. Debe reducir el riego y favorecer la ventilación de las matas.

PODREDUMBRE Y MARCHITA-MIENTO BACTERIANO. El exceso de humedad en los cultivos, puede propiciar

la aparición de podredumbres en la base de los tallos. Los tejidos se reblandecen, pierden su color original y, si no se actúa rápidamente, la planta acaba pereciendo. Las especies que con mayor frecuencia se ven afectadas son la patata, la cebolla, la col, el melón o el pepino. Así mismo, es posible que

El mildiu es una enfermedad muy común y típica de los viñedos.

La hernia de la col está caracterizada por la presencia de numerosas protuberancias sobre las paredes de las raíces.

los árboles podados de manera incorrecta se pudran a partir de las heridas de las ramas, sobre todo en tiempo húmedo.

Tratamiento. Las medidas de prevención son el modo más eficaz de combatir los daños causados por las bacterias. El suelo ha de estar bien drenado y la base de los tallos de las hortalizas disfrutar de suficiente aireación. En caso de que la densidad de plantas y la humedad puedan provocar la aparición de podredumbres, rodee la superficie que ocupa cada planta de arena y, al menor síntoma de enfermedad, retire las hojas o los ejemplares afectados. El purin de ajenjo, de cola de caballo y de ortiga reducen el riesgo de contagio del resto de la cosecha.

IDENTIFICACIÓN DE SÍNTOMAS CAUSADOS POR VIRUS

Los virus representan un caso aparte, ya que no son organismos vivos, necesitando de las células de una planta, bacteria o animal para consumar su reproducción. La mayoría, proceden de las plantas silvestres, aunque algunos son ya específicos de las hortalizas, como en el caso del pepino.

Los pulgones son el medio de propagación más eficaz que poseen estos seres, ya que suponen la plaga más numerosa y extendida sobre cualquier tipo de vegetal, sea silvestre o cultivado. Tras atacar una planta afectada, incorporan a su cuerpo los virus que allí existían, se trasladan hasta otros ejemplares sanos y, con sus picaduras, introducen los virus en el interior del vegetal.

No existen tratamientos conocidos para erradicarlos. El método de prevención más seguro consiste en controlar exhaustivamente la presencia de pulgones, no permitiendo que proliferen en ninguna parte del huerto. Si ha sido inevitable el contagio, la planta tiene que ser eliminada por completo, quemándola de inmediato. Es preferible perder un ejemplar que no toda la cosecha.

MOSAICO DE LA COLIFLOR. En la superficie de las hojas, es posible distinguir un aumento anormal de la coloración

*La prolife-
ración de bac-
terias no sólo
se limita al
período de
cultivo, ya que
en condi-
ciones de gran
humedad, tras
la recolección,
pueden apa-
recer sobre
frutos.*

*Los pulgones
sobre las
plantas de
Judía verde,
pueden
causar la apa-
rición de
enfermedades
producidas
por virus.*

de la nervadura en forma de bandas. En poco tiempo, todo el ejemplar se ve afectado por los mismos síntomas, reduciendo el crecimiento. Ataca también al grupo de las coles.

MOSAICO DE LA PATATA. Provoca enanismo, distintas deformaciones en las hojas, como arrugas, necrosis, e incluso la caída de éstas, sin que lleguen a secarse. Son varios los tipos de virus que atacan a la patata, algunos específicos de ciertas variedades y otros menos particulares

MOSAICO DE LAS JUDIAS. Las manchas del mosaico sobre las hojas se diferencian muy bien por la alternancia de tonos verdes claros y oscuros. Además de transmitirse a través de los pulgones, este tipo de virus puede pasar a las siguientes generaciones por semillas.

MOSAICO DE LAS MANCHAS ANGULARES DE LA COL. Causa la aparición de manchas circulares que, en un principio, son amarillas y luego se tornan oscuras. Produce la muerte inesperada de la planta y su posterior putrefacción. Ataca principalmente a la col repollo y las coles de Bruselas.

MOSAICO DEL PEPINO. Es el más

común dentro del grupo formado por el pepino, calabacín, calabaza y melón, pertenecientes a la misma familia botánica. Su presencia está caracterizada por la deformación y reducción del desarrollo de las hojas y tallos, siendo posible observar una manchas en mosaico de color amarillento. Las hojas terminan por secarse, recurvándose hacia el envés.

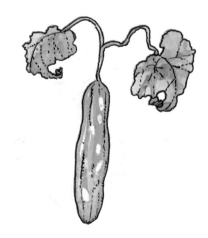

El mosaico del pepino es una de las enfermedades provocada por virus más extendida en las superficies de cultivo.

Glosario

Abono: Conjunto de sustancias que de forma artificial se añade al sustrato, para regenerar los nutrientes agotados.

Aclarado, Aclareo: Labor destinada a reducir la densidad de plántulas en el semillero o el terreno de cultivo, a fin de evitar la competencia por los nutrientes, el agua y el sol, que existiría entre plantas situadas muy cercanas. Normalmente se realiza una vez al comienzo del cultivo y los ejemplares extraídos son replantados, ampliando la superficie del huerto.

Acolchado: Técnica empleada para proteger el terreno de las inclemencias del clima. Evita la evaporación rápida del agua de riego, la erosión del suelo y el rápido desarrollo de las malas hierbas. Consiste en cubrir el suelo con materiales de origen órganico, como son la paja, el abono verde, etc, o materiales plásticos, una vez hayan aparecido las hortalizas sembradas.

Aporcar o Recalzar: Es una labor de blanqueo o protección de las raíces y tubérculos. Se basa en arrimar tierra a la base de las plantas, con el fin de no permitir que el sol incida sobre las partes subterráneas de las hortalizas.

Bancales: Porción de terreno que una vez arada y abonada puede ser empleada para el cultivo de hortalizas.

Binar: Se trata de una labor de la tierra, en que se realiza un segundo arado a poca profundidad y alrededor de cada planta, para airear y renovar el oxígeno del suelo, evitando además el crecimiento de malas hierbas.

Blanquear: Técnica empleada con objeto de impedir que los rayos solares incidan sobre la parte de la hortaliza que no debe adquirir un color verde intenso, y así reducir su amargor; puede realizarse sobre hojas, tallos y raíces.

Caballones: Espacios elevados del terreno comprendidos entre dos surcos, que impiden encharcamientos y favorecen la llegada de oxígeno y agua a las raíces.

Cama caliente: Zanjas rellenas de estiércol utilizadas para cultivar hortalizas en invierno, ya que la fermentación calienta el suelo.

Clorosis: Síntoma que presentan los vegetales en condiciones desfavorables de desarrollo, caracterizado externamente por la pérdida de color verde en hojas y tallos.

Compost: Conjunto de elementos de origen vegetal, animal y mineral que conforman una mezcla homogénea muy nutritiva para las plantas cultivadas.

Entutorado: Sistema de guía de los tallos trepadores sobre tutores erguidos.

Escarda: Labor propia de limpieza de malas hierbas, que generalmente es llevada a cabo durante el desarrollo de las hortalizas, alrededor de cada planta cultivada.

Fungicida: Sustancia capaz de matar o eliminar hongos.

Humus: Materia vegetal que tras un proceso de degradación y composición se transforma en una masa esponjosa y uniforme de color oscuro, de gran valor nutritivo para las plantas.

Laya: Herramienta semejante a una horca pero que presenta la peculiaridad de disponer de unos dientes más robustos y planos.

Nutriente: Sustancia que sirve de alimento a un ser vivo.

Oligoelemento: Elemento químico indispensable para el desarrollo de los seres vivos, aunque la cantidad demandada sea mínima.

Plantas adventicias: Término equivalente a "planta competidora" y "mala hierba", utilizado para nombrar a cualquier tipo de vegetal que perjudica o al menos compite por el agua, el sol y los nutrientes del suelo con las hortalizas cultivadas.

Roza: Limpieza y extracción de la maleza que ocupa una zona de cultivo.

Subida de flor: En horticultura este término se emplea para referirse a la aparición de las flores en plantas que no deberían de florecer, ya que la calidad de la cosecha se ve seriamente perjudicada.

Surco: Durante el arado puede dejarse el terreno dividido y distribuído en hendiduras más o menos profundas, paralelas entre sí y comunicadas por los extremos.

Sustrato: Soporte o material de muy variada composición que da soporte.

Tutor: Guía o elemento de sujeción fabricado con ramas, cañas o alambre, empleado para evitar que los tallos de las hortalizas y sus frutos toquen el suelo, y padezcan podredumbres.